经济管理高职高专"十二五"部委级规划教材

企业经营沙盘
实训教程

主 编◎陶 正 王 娟 包忠明

副主编◎李海勋 潘洪锋 陶建良

中国纺织出版社

内 容 提 要

本教材根据高职高专教育的培养目标和企业经营管理的职业要求,坚持以全面素质教育为基础,以职业能力为本位,以就业为导向的指导思想,贯彻工学交替、学做一体的教育教学理念,使教程在编写思路和内容安排上均有所创新和突破。

本教材内容包括企业经营沙盘认知、企业经营沙盘实训预备知识、企业经营沙盘实训操作基础、企业经营沙盘实训操作案例、企业经营沙盘实训进阶、企业经营沙盘实战案例、企业经营沙盘实战训练 7 个单元。

教程力求突出案例教学,强调学做一体,重点突出操作示范、操作案例、实战案例、实战训练等内容,符合高职教育培养目标的要求。

本教材是为适应高职高专经管类及其相关专业企业经营沙盘课程教学需要而编写的,也可作为成人教育、岗位培训等其他层次和类别企业经营课程教学和培训的教材及参考书。

图书在版编目(CIP)数据

企业经营沙盘实训教程/陶正,王娟,包忠明主编. —北京:中国纺织出版社,2014.2(2024.7重印)

经济管理高职高专"十二五"部委级规划教材

ISBN 978 – 7 – 5180 – 0161 – 3

Ⅰ.①企⋯ Ⅱ.①陶⋯ ②王⋯ ③包⋯ Ⅲ.①计算机应用—企业经营管理—高等职业教育—教材 Ⅳ.①F270.7

中国版本图书馆 CIP 数据核字(2014)第 018209 号

副主编:李海勋 潘洪锋 陶建良

策划编辑:顾文卓 责任印刷:储志伟

中国纺织出版社出版发行

地址:北京市朝阳区百子湾东里 A407 号楼 邮政编码:100124

销售电话:010—87155894 传真:010—87155801

http://www.c-textilep.com

E-mail:faxing @ c-textilep.com

官方微博 http://weibo.com/2119887771

北京虎彩文化传播有限公司印刷 各地新华书店经销

2014 年 2 月第 1 版 2024 年 7 月第 7 次印刷

开本:787×1092 1/16 印张:14

字数:219 千字 定价:32.80 元

全面推进素质教育,着力培养基础扎实、知识面宽、能力强、素质高的人才,已成为当今职业教育的主题。教材建设作为教学的重要组成部分,如何适应新形势下我国教学改革要求,与时俱进,编写出高质量的教材,在人才培养中发挥作用,成为院校和出版人共同努力的目标。2012年11月,教育部颁发了教高[2012]21号文件《教育部关于印发第一批"十二五"普通高等教育本科国家级规划教材书目的通知》(以下简称《通知》),明确指出我国本科教学工作要坚持育人为本,充分发挥教材在提高人才培养质量中的基础性作用。《通知》提出要以国家、省(区、市)、高等学校三级教材建设为基础,全面推进,提升教材整体质量,同时重点建设主干基础课程教材、专业核心课程教材,加强实验实践类教材建设,推进数字化教材建设。要实行教材编写主编负责制,出版发行单位出版社负责制,主编和其他编者所在单位及出版社上级主管部门承担监督检查责任,确保教材质量。要鼓励编写及时反映人才培养模式和教学改革最新趋势的教材,注重教材内容在传授知识的同时,传授获取知识和创造知识的方法。要根据各类普通高等学校需要,注重满足多样化人才培养需求,教材特色鲜明、品种丰富。避免相同品种且特色不突出的教材重复建设。

随着《通知》出台,教育部组织制订了"十二五"职业教育教材建设的若干意见,并于2012年12月21日正式下发了教材规划,确定了1102种"十二五"国家级教材规划选题。我社共有47种教材被纳入国家级教材规划,其中本科教材16种,职业教育47种。16种本科教材包括了纺织工程教材7种、轻化工程教材2种、服装设计与工程教材7种。为在"十二五"期间切实做好教材出版工作,我社主动进行了教材创新型模式的深入策划,力求使教材出版与教学改革和课程建设发展相适应,充分体现教材的适用性、科学性、系统性和新颖性,使教材内容具有以下几个特点:

(1)坚持一个目标——服务人才培养。"十二五"职业教育教材建设,要坚持育人为本,充分发挥教材在提高人才培养质量中的基础性作用,充分体现我国改革开放30多年来经济、政治、文化、社会、科技等方面取得的成就,适应不同类型高等学校需要和不同教学对象需要,编写推介一大批符合教育规律和人才成长规律的具有科学性、先进性、适用性的优秀教材,进一步完善具有中国特色的普通高等教育本科教材体系。

(2)围绕一个核心——提高教材质量。根据教育规律和课程设置特点,从提高学生分析问题、解决问题的能力入手,教材附有课程设置指导,并于章首介绍本章知识点、重点、难点及专业技能,增加相关学科的最新研究理论、研究热点或历史背景,章后附形式多样的习题等,提高教材的可读性,增加学生学习兴趣和自学能力,提升学生科技素养和人文素养。

(3)突出一个环节——内容实践环节。教材出版突出应用性学科的特点,注重理论与生产实践的结合,有针对性地设置教材内容,增加实践、实验内容。

(4)实现一个立体——多元化教材建设。鼓励编写、出版适应不同类型高等学校教学需要的不同风格和特色教材;积极推进高等学校与行业合作编写实践教材;鼓励编写、出版不同载体和不同形式的教材,包括纸质教材和数字化教材,授课型教材和辅助型教材;鼓励开发中外文双语教材、汉语与少数民族语言双语教材;探索与国外或境外合作编写或改编优秀教材。

教材出版是教育发展中的重要组成部分,为出版高质量的教材,出版社严格甄选作者,组织专家评审,并对出版全过程进行过程跟踪,及时了解教材编写进度、编写质量,力求做到作者权威,编辑专业,审读严格,精品出版。我们愿与院校一起,共同探讨、完善教材出版,不断推出精品教材,以适应我国高等教育的发展要求。

中国纺织出版社

教材出版中心

前言

企业经营沙盘课程采取沙盘情境教学模式,将企业组织结构和经营过程悉数展示在沙盘上,通过沙盘推演高度模仿真实企业的经营过程,实现了理论教学难以达到的效果,目前已成为许多高等院校经管类专业开设的职业技能课程和企业管理人员培训的主要课程。企业经营沙盘以生产型企业为背景,以商业实战性质的对抗竞赛为模拟形式,涉及市场营销、生产管理、财务管理和物流管理等知识技能,参与者各自代表企业经营管理的不同身份,可以切身体验企业经营的全过程和企业竞争的激烈性。

《企业经营沙盘实训教程》采取校企合作的编写模式,由高职院校教师与中国物流公司常州分公司等企业管理人士合作完成。在教程编写过程中,校企合作编写团队共同对教程编写理念、编写思路、编写内容和编写方法等进行了认真细致的研讨。在充分调研和吸收企业管理人士意见的基础上,根据高职高专教育的培养目标和企业经营管理的职业要求,坚持以培养全面素质教育为基础,以职业能力为本位,以就业为导向的指导思想,贯彻工学交替、学做一体的教育教学理念,使教程在编写思路和内容安排上均有所创新和突破。

教程内容包括企业经营沙盘认知、企业经营沙盘实训预备知识、企业经营沙盘实训操作基础、企业经营沙盘实训操作案例、企业经营沙盘实训进阶、企业经营沙盘实战案例、企业经营沙盘实战训练等7个单元。

教程遵循实践课程的教学规律,突出学生的主体地位,按照认知——预备知识——操作示范——操作案例——进阶提高——实战案例——实战训练的逻辑规律编写,内容由浅入深,尤为适合实训课程教学使用。教程力求突出案例教学,强调学做一体,重点突出操作示范、操作案例、实战案例、实战训练等内容,符合高职教育培养目标的要求。

教程是为适应高职高专经管类及其相关专业企业经营沙盘课程教学需要而编写的,也可作为成人教育、岗位培训等其他层次和类别企业经营课程教学和培训的教材及参考书。

教程由常州纺织服装职业技术学院教师陶正、王娟、包忠明主编,白城市行政学院教师李海勋与企业经理潘洪锋、陶建良担任副主编并对编写内容提出了建议。其中,单元1和单元2由包忠明编写,单元3、单元4和单元5由陶正编写,单元6由王娟、李海勋编写,单元7由王娟编写。

在教程编写过程中,汲取了多家企事业单位管理人士的建议,参阅了多种相关教材和著作,在此表示诚挚的谢意。由于时间和水平的限制,书中会有一些不足之处,真诚地希望使用本教程院校的师生提出宝贵意见。

编　者
2013.10

目 录

单元1

企业经营沙盘认知

【学习目标】

完成沙盘及企业经营沙盘课程的认知，为企业经营沙盘实训储备知识。

【学习内容】

沙盘的起源与含义、企业经营沙盘课程。

1.1 沙盘的起源与含义

在军事题材的影视剧中，常常会看到作战指挥员在一个地形模型前研究地形、制定作战方案、部署兵力的场景，这里的地形模型就是沙盘。可见，最初的沙盘主要是军事上供指挥员研究地形和指挥作战及推演战术的工具。

1.1.1 沙盘的起源

1. 有文字记载的沙盘

有文字记载的最早沙盘在东汉时期。据《后汉书·马援列传》记载，汉建武八年（公元 32 年），汉光武帝刘秀在征讨当时割据天水、武都一带的地方豪强隗嚣时，与熟悉陇西一带地理情况的大将马援商讨进军战略，马援"聚米为山谷，指画形势"，刘秀称赞顿有"虏在吾目中矣"的感觉。这是有文字记载的最早的沙盘推演。

2. 国外早期的沙盘

国外沙盘的使用比较典型的是普鲁士国王菲特烈·威廉三世（FriedrBh William Ⅲ）的文职军事顾问冯·莱斯维茨（Von Reisswitz）。1811 年，莱斯维茨用胶泥制作了一个精巧的战场模型，用颜色把道路、河流、村庄和树林标示出来，用小瓷块代表军队和武器，陈列在波茨坦皇宫里，用来进行军事游戏。后来，莱斯维茨的儿子利用沙盘、地图表示地形地貌，以算时器表示军队和武器的配置情况，按照实战方式进行策略谋划。这种"战争博弈"属于现代沙盘推演。19 世纪末和 20 年代初，沙盘主要用于军事训练，第一次世界大战后才在实际中得到广泛运用。随着电子计算技术的发展，出现了模拟战场情况的新技术，为研究作战指挥提供了新的手段。

【阅读资料】

沙盘的传说

沙盘的起源可以追溯到 2200 年前的战国时期。据说，秦国在灭六国时，为了部署兵力，秦王亲自堆制了研究各国地理形势的军事沙盘。后来，秦始皇在修建陵墓时，在自己的陵墓中堆建了一个大型的地形模型。模型中不仅砌有高山、丘陵、城池等，而且还用水银模拟大海、江河，甚至利用机械装置使水银流动循环，这是世界上最早的沙盘雏形。

1.1.2　沙盘的含义

沙盘是指将地形图或其他图片等按一定比例用泥沙等材料堆制而成的模型。沙盘具有立体感强、形象直观、制作简便、经济实用等特点。沙盘最初主要用于军事方面，后来逐渐应用于其他领域，出现了地形沙盘、建筑沙盘、电子沙盘等沙盘形式。

1. 地形沙盘

地形沙盘即地形模型，是以微缩实体的方式来表示地形地貌特征的一种沙盘。地形沙盘在模型中体现山体、水体、道路等物，并标注主要的地形数据，使人们能从微观角度来了解宏观事物。地形沙盘的应用范围极其广泛，主要运用于军事、政府、交通、水利、电力、公安指挥、国土资源、旅游、人武等领域。

2. 建筑沙盘

建筑沙盘即建筑模型，是以微缩实体的方式来表示建筑艺术的一种沙盘。建筑沙盘可以比较真实地反映单体建筑的造型、群体建筑组合的建筑思想，将建筑师的意图转化成具体的形象。建筑沙盘是建筑设计及城市规划方案中不可缺少的审查项目。它以其特有的形象性表现出设计方案之空间效果。因此，在国内外建筑、规划或展览等许多部门，模型制作已成为一门独立的学科。

3. 电子沙盘

电子沙盘通过真实的三维地理信息数据，利用先进的地理信息技术，能实时动态查找每一个点的地理信息。如三维坐标、高度、坡度、河流、道路及各种人工工程与设施、远景规划等信息。电子沙盘充分利用现代信息通讯技术，形成了三维电子沙盘、声光电沙盘、多媒体触控沙盘等。电子沙盘能通过先进的三维仿真功能实时在电脑上进行三维单点飞行、路径飞行、绕点飞行、工程设施查询、经济效益的分析以及其他各种智能分析等。电子沙盘适用于移动通信的选址和大范围的水利设施的规划与建设等与地理地形关系密切的领域。

1.2　企业经营沙盘课程

企业经营沙盘课程是从 20 世纪 50 年代由军事沙盘推演演化而成，并以其新颖独特的培训模式而风靡欧美，成为世界 500 强企业经营管理培训的主选课程。20 世纪

90 年代，企业经营沙盘课程被引入我国，并被高等院校纳入 MBA、EMBA 及企业中高层管理者培训中。进入 21 世纪，随着我国高等职业教育的发展，企业经营沙盘课程受到各高职院校的重视和学生的喜欢。据统计，全国约有 700 所以上高职院校开设了企业经营沙盘课程。

1.2.1 企业经营沙盘课程的特点

企业经营沙盘课程是通过游戏教学的方式，使学生在游戏中体验企业经营的得失成败，对企业经营形成一定的感性实践认知。企业经营沙盘从形式上可以分为物理沙盘和电子沙盘。物理沙盘属于棋盘类沙盘，是指带有沙盘平面图与筹码等物件的教具；电子沙盘属于软件模拟类沙盘，是指可以模拟企业经营的一套计算机软件。由于企业经营沙盘课程是模仿真实的商业环境而开发的，具有较强的实战性，因而被冠以沙盘模拟、模拟经营、商业模拟等不同的名称，其中沙盘模拟的认可度最高，而 ERP 沙盘是部分 ERP 软件厂商特别使用的名称。企业经营沙盘课程的特点主要有趣味性、实战性、团队合作性等。

1. 趣味性

企业经营沙盘课程有效克服了传统企业经营管理课程的枯燥、乏味的缺点。传统企业经营管理课程大都采用"灌输式"教学方式，以教师讲授为主，学生被动听记，至多教师在讲授中穿插一些企业经营管理的案例。传统企业经营管理教学造成教师输出信息较多，而学生学到的知识技能却不多；课堂上教师滔滔不绝，而学生昏昏欲睡。而企业经营沙盘课程通过虚拟企业，以游戏的方式来模拟企业经营的真实环境，教学中学生自己动手模拟企业整个运营过程，形象而具体，生动而有趣，激发了学生的学习积极性。

2. 实战性

企业经营沙盘课程是对企业经营全过程的实战模拟，所构造的企业经营环境是企业真实状况的微缩版。在近乎实战的企业经营沙盘推演中，借助模拟经营深层次地领会与感悟，学生更容易将学到的管理思路和方法应用于实际工作之中。同时，企业经营沙盘课程往往采取对抗竞赛的方式，模拟真实的市场竞争环境，经营不利企业会破产而退出，体现了较强的实战性。

3. 团队合作性

企业经营沙盘课程要求学生通过在团队中扮演不同的角色，承担不同的经营任务。团队成员要经常进行沟通、协商，按照各自的分工，分析市场环境状况，制定企业经营战略，做出正确的经营决策。团队成员只有团结合作、齐心协力，才能赢得企业经营的成功。这样能培养学生的沟通协调能力，并能学会团队合作。在企业经营沙盘推演过程中，学生通过亲身参与和团队合作，可以进一步直观地理解企业的市场定位，分析竞争对手，控制投资规模，合理运用资金，体悟如何使企业在现代竞争的经济环境下生存、发展的正确思维方式和管理理念。

【阅读资料】

企业经营沙盘课程的用途

在企业经营沙盘课程中,你将和其他队员共同完成4～6年的经营决策,在共同操作的企业模拟运营平台上互通信息,在面对面的交流中,增进部门间对业务内容和流程的了解,达成团队为共同愿景而努力的共识。通过短时间高强度的竞争体验,锻炼和增强您团队的合作意识,在信息为主导的情境中认知团队合作的价值。虽然本沙盘是基于制造型企业模型研发的,但是在运营和管理上各行各业都是相同的,您可以从不同的经营角度透视企业经营管理的真谛。

1. 可以体验到沙盘实战模拟的乐趣,透视整个企业的业务流程和经营理念。

2. 全面展现企业运营各个部门之间的协同,剖析企业战略目标与各个部门之间的逻辑关系,从而理解团队合作的价值与作用。

3. 增强不同层面的管理者对企业整体战略决策的理解,并加强提高执行力的自觉性。

4. 理解正确的战略决策制定对企业经营成败的至关重要性,提高基层管理者配合企业战略制定提供基础信息的主动性。

5. 理解计划协调、执行控制和动态跟踪绩效考核的必要性。

6. 解读财务报表的奥秘,掌握预算工具,理解现金流控制的重要性。

课程体验的经典之处:将信息化技术转化为战略管理和控制工具的理论和方法,为有效地制定战略决策和决策执行监控提供管理思路。

1.2.2 企业经营沙盘课程的内容

企业经营沙盘课程是用来学习企业战略管理、市场营销、企业生产决策、企业财务管理及团队沟通的有效工具。在企业经营沙盘训练中,学生分成6～12个团队,每个团队经营一个虚拟企业,连续从事数个会计年度的经营活动。通过直观的企业经营沙盘,模拟企业实际运行状况,内容涉及企业整体战略、产品研发、生产、市场、销售、财务管理、团队协作、绩效考核等多个方面,让学生在游戏训练中体验完整的企业经营过程,感悟正确的经营思路和管理理念。

1. 企业经营战略

企业经营战略是在符合和保证实现企业使命的条件下,在充分利用环境中存在的各种机会和创造新机会的基础上,确定企业同环境的关系,规定企业从事的事业范围、成长方向和竞争对策,合理地调整企业结构和分配企业的全部资源。从其制定要求看,企业经营战略就是用机会和威胁评价未来的环境,用优势和劣势评价企业现状,进而选择和确定企业的总体、长远目标,制定和抉择实现目标的行动方案。

企业经营沙盘课程主要是推演制定企业长、中、短期经营战略;评估企业内部资源与外部环境;预测市场趋势、调整既定战略。

2. 市场营销策略

市场营销策略是企业以顾客需要为出发点,根据经验获得顾客需求量以及购买力的信息、商业界的期望值，有计划地组织各项经营活动，通过相互协调一致的产品策略、价格策略、渠道策略和促销策略，为顾客提供满意的商品和服务而实现企业目标的过程。市场营销策略的目的是创造顾客，获取和维持顾客，因此，要从长远的观点来考虑如何有效地战胜竞争，立于不败之地。市场营销策略包括价格策略、产品策略、渠道策略和促销策略以及品牌联播等新闻机构的宣传策略。

企业经营沙盘课程主要推演制定市场开发决策；新产品开发、产品组合与市场定位决策；虚拟企业在市场中短兵相接的竞标过程；刺探同行商情，抢攻市场；建立并维护市场地位，必要时做退出市场决策。

3. 生产决策

生产决策是根据企业的经营战略方案及企业内外经营环境的状况确定企业的生产方向、生产目标、生产方针及生产方案的过程或职能。生产决策就是在生产领域中，对生产什么、生产多少以及如何生产等几个方面的问题做出的决策，具体包括剩余生产能力如何运用、亏损产品如何处理、产品是否进一步加工和生产批量的确定等。生产决策的主要内容包括工艺决策和设备决策（自然技术水平决策）、产品成本决策（生产成本决策）和生产类型与厂址决策。

企业经营沙盘课程主要推演制定选择生产设备决策；设备更新与生产线改良决策；生产计划、生产数量调度；生产与市场需求匹配、交货期、设备能力及产品库存等决策；原材料采购决策。

4. 财务决策

财务决策是指从若干可选的财务方案中选择最优方案的过程。财务决策是财务管理的核心，必须按照财务管理目标的要求并通过专门的方法来进行。财务决策需要以财务预测为依据，并设定若干备选方案，然后在备选方案中进行比较分析选择最优方案。财务决策是对实施各种财务活动做出的最后决定，其主要工作内容包括确定企业筹资方式、确定企业资本结构、选择最优投资方案和投资项目、决定金融资产投资对象和并购对象等。

企业经营沙盘课程主要推演制订企业中长期、短期资金需求计划，寻求资金来源；掌握资金来源现用途，妥善控制成本；制订投资计划，评估应收账款金额与回收期；分析财务报表、掌握报表重点与数据含义；运用财务指标进行内部诊断，协助管理决策；如何以有限资金扭亏为盈、创造高利润；编制财务报表、结算投资报酬、评估决策效益。

此外，企业经营沙盘课程的内容还包括产品研发决策和团队沟通推演等内容。产品研发决策主要推演制定产品研发决策，修正产品研发计划，甚至中断产品项目等。团队沟通主要推演如何在立场不同的部门间沟通协调，培养不同部门人员的共同价值观与经营理念，建立以整体利益为导向的组织团队。

单元2

企业经营沙盘实训预备知识

【学习目标】

完成企业经营沙盘相关观念、人员分工和运营规则的学习，为企业经营沙盘操作做好准备。

【学习内容】

企业经营沙盘的相关概念、企业经营沙盘的人员分工、企业经营沙盘的运营规则。

2.1 企业经营沙盘的相关概念

企业经营沙盘的相关概念是指企业经营沙盘推演操作中所涉及的市场营销、生产运营、财务管理等企业经营相关的概念和其他相关概念。学习和运用这些概念是企业经营沙盘操作的前提和基础。

2.1.1 市场营销相关概念

企业经营沙盘涉及的市场营销相关概念主要有市场分析、广告、投标、订单和新产品开发等。

1. 市场分析

市场是指商品交易的场所，即买卖双方发生交易行为的地点或场所。市场的实质是商品交换的总和。这种商品交换必须满足三个条件：一是要有买卖双方，二是买卖双方是等价交换，三是要有特定的交易场所。企业经营沙盘一般将市场划分为本地市场、国内市场、亚洲市场和国际市场。

市场分析是根据已获得的市场调查资料，运用统计原理，分析市场及其销售变化。从市场营销角度看，它是市场调查的组成部分和必然结果，又是市场预测的前提和准备过程。市场分析已经成为现代企业管理人员不可缺少的分析技术。

市场分析的概念有狭义和广义之分。狭义的市场分析就是市场调查研究。它是以科学方法收集消费者的购买和使用商品的事实、意见、动机等有关材料，并予以研究分析的手段。而广义的市场分析就是对从生产者到消费者或用户这一过程中全部商业活动的资料、情报和数据作系统地收集、记录、整理和分析，以了解商品的现实市场和潜在市场。因此，广义的市场分析不仅是单纯研究购买者或用户的心理和行为，而且还对各种类型的市场营销活动的所有阶段加以研究。

市场分析的研究对象是整个市场，这个对象可以从纵横两个维度去考察。从纵向看，市场分析要研究从生产者到消费者的所有商业活动，揭示生产者和消费者各自在从事市场活动中的行为和遵循的规律。无论是生产者还是消费者，在其从事市场活动中都必须既要了解自己，又要认识对方。生产与消费是一对矛盾，它们在整个市场活动中达到对立的统一。生产者和消费者只有按照其固有的规律行事，才能成为把生产和消费有机统一起来的桥梁。从横向看，在现代市场经济体制中，市场活动是一个全方位的活动。一方面不同的国家和地区由于受其政治、文化等方面的影响，它们的市场活动是有差异的，因此，市场分析必须揭示这些市场活动的特点和规律。另一方面，即便是同一市场活动的主体，由于各种不同市场的交互作用，它们活动的内容是极为广泛的，也就是说，市场的类型有多种多样，各种不同类型的市场的特点和运行规律就成了市场分析的又一重点的研究对象。总之，市场分析的研究对象是极为广泛和复杂的，广泛性和复杂性是市场分析研究对象的重要特点。

企业经营沙盘操作一般需要根据虚拟企业的不同阶段，分别进行本地市场分析、区域市场分析、国内市场分析、亚洲市场分析和国际市场分析。

2. 广告

广告是为了某种特定的需要，通过一定形式的媒体，并消耗一定的费用，公开而广泛地向公众传递信息的宣传手段。广告的英文原意为"注意""诱导"，即"广泛告知"的意思。广告有广义和狭义之分：广义广告包括非经济广告和经济广告，非经济广告指不以盈利为目的的广告，如政府行政部门、社会事业单位乃至个人的各种公告、启事、声明等；狭义广告仅指经济广告，又称商业广告，是指以盈利为目的的广告，通常是商品生产者、经营者和消费者之间沟通信息的重要手段，或企业占领市场、推销产品、提供劳务的重要形式。

广告的本质有两个：一个是广告的传播学方面，广告是广告业主达到受众群体的一个传播手段和技巧；另一个指广告本身的作用是商品的利销。总体说来，广告是面向大众的一种传播；艺术的高雅性决定了它的受众只能是小众，而不是绝大多数人。所以成功的广告是让大众都接受的一种广告文化，而不是所谓的脱离实际的高雅艺术。广告的效果从某种程度上决定了它究竟是不是成功。脑白金的广告是成功的，因为它将礼品观念定位在工薪阶层，市场销售的成功也说明了这一点。

广告不同于一般大众传播和宣传活动，主要表现在：（1）广告是一种传播工具，是将某一项商品的信息，由这项商品的生产或经营机构（广告主）传送给用户和消费者。（2）做广告需要付费。（3）广告进行的传播活动是带有说服性的。（4）广告是有目的、有计划，是连续的。（5）广告不仅对广告主有利，而且对目标对象也有好处，它可使用户和消费者得到有用的信息。

在企业经营沙盘操作中，主要涉及为了获取必要的订单而必须投放广告，投放广告需要支付一定的广告费，投放广告的力度大小决定了虚拟企业获取订单数量。

3. 投标

投标是与招标相对应的概念，它是指投标人应招标人特定或不特定的邀请，按照招标文件规定的要求，在规定的时间和地点主动向招标人递交投标文件并以中标为目的的行为。

在投标过程中，投标人首先取得招标文件，认真分析研究后（在现场实地考察），编制投标书。投标书是指投标单位按照招标书的条件和要求，向招标单位提交报价并填具标单的文书，内容必须十分明确，中标后与招标人签订合同所要包含的重要内容应全部列入，在有效期内不得撤回标书、变更标书报价或对标书内容作实质性修改。为防止投标人在投标后撤标或在中标后拒不签订合同，招标人通常都要求投标人提供一定比例或金额的投标保证金。招标人决定中标人后，未中标的投标人已缴纳的保证金给予退还。

投标书的内容一般包括：（1）标题。投标书标题正中写明"投标申请书"、"投标答辩书"或"投标书"即可。（2）正文。投标书正文由开头和主体组成。开头写明投标的依据和主导思想；主体应把投标的经营思想和经营方针、经营目标、经营措施、要求、外部条件等内容具体、完整、全面地表述出来，力求论证严密、层次清晰、文字简练。（3）落款。写明投标单位（或个人）的名称和投标日期。

在企业经营沙盘操作中，投标被称为"竞单"，主要涉及通过投放广告而获取产品订单的过程。

4. 订单

订单即订货单，是由买方向卖方订购货物时填写的单据。订单是买方和卖方间货物交易的依据或凭证。订单具有协约性和严肃性。协约性即买卖双方都应信守订货单中的各项条款。严肃性即订货单具有合同的性质，买卖双方都应严肃对待，不可有欺诈行为。

订单的主要内容通常包括货物品名、货物规格、订购数量、单价与总额、交货期、交货地点、货物包装、付款方式等。

订单的结构一般由标题、正文和尾部构成。订单标题可以只写"订货单"三个字，也可以写货物名称加"订货单"，还可以写单位名称加"订货单"。订单正文部分的内容主要包括：（1）买卖双方信息。如公司名称、联系人、邮政编码、单位地址、电话号码、传真号码、电子邮件地址等。（2）订货信息。包括商号编号、商品名称、商品单价、商品质量级别和订货数量等。（3）配送方式及配送地点信息。（4）款项支付方式及银行账户。（5）买方的意见和要求。订单尾部一般写订货单位、订货日期及经办人签章等。

在企业经营沙盘操作中，主要涉及的是货物由买方自己购买，由买方所提出的订单。

5. 新产品开发

新产品开发是指从研究选择适应市场需要的产品开始到产品设计、工艺制造设计，直到投入正常生产的一系列决策过程。从广义而言，新产品开发既包括新产品的研制，也包括原有的老产品改进与换代。新产品开发是企业研究与开发的重点内容，也是企业生存和发展的战略核心之一。

市场营销中使用的新产品概念不是从纯技术角度理解的，产品只要在功能或形态上得到改进与原产品产生差异，并为顾客带来新的利益，即视为新产品。企业新产品开发的实质是推出不同内涵与外延的新产品。对大多数公司来说，是改进现有产品而非创造全新产品。

新产品开发是一项极其复杂的工作，从根据用户需要提出设想到正式生产产品投放市场为止，其中经历许多阶段，涉及面广、科学性强、持续时间长，因此必须按照一定的程序开展工作，这些程序之间互相促进、互相制约，才能使产品开发工作协调、顺利地进行。产品开发的程序是指从提出产品构思到正式投入生产的整个过程。由于行业的差别和产品生产技术的不同特点，特别是选择产品开发方式的不同，新产品开发所经历的阶段和具体内容并不完全一样。

在企业经营沙盘操作中，主要涉及企业通过新产品开发，来开发新的销售市场，获取更大的经济效益，提高企业的竞争力。

【阅读资料】

企业经营管理

经营管理是指在企业内，为使生产、采购、物流、营业、劳动力、财务等各种业务，能按经营目的顺利地执行、有效地调整而所进行的系列管理、运营之活动。企业经营管理是指对企业整个生产经营活动进行决策，计划、组织、控制、协调，并对企业成员进行激励，以实现其任务和目标的一系列工作的总称。

企业经营管理的基本任务包括合理地组织生产力，使供、产、销各个环节相互衔接，密切配合，人、财、物各种要素合理结合，充分利用，以尽量少的活劳动消耗和物质消耗生产出更多的符合社会需要的产品。

经营管理的主要内容包括合理确定企业的经营形式和管理体制，设置管理机构，配备管理人员；搞好市场调查，掌握经济信息，进行经营预测和经营决策，确定经营方针、经营目标和生产结构；编制经营计划，签订经济合同；建立、健全经济责任制和各种管理制度；搞好劳动力资源的利用和管理，做好思想政治工作；加强土地与其他自然资源的开发、利用和管理；搞好机器设备管理、物资管理、生产管理、技术管理和质量管理；合理组织产品销售，搞好销售管理；加强财务管理和成本管理，处理好收益和利润的分配；全面分析评价企业生产经营的经济效益，开展企业经营诊断等。

经营管理职能包括五个方面的内容，即战略职能、决策职能、开发职能、财务职能和公共关系职能。

1. 战略职能

战略职能是企业经营管理的首要职能。因为，企业所面对的经营环境是一个非常复杂的环境。影响这个环境的因素很多，变化很快，而且竞争激烈。在这样一个环境里，企业欲求长期稳定的生存与发展，就必须高瞻远瞩，审时度势，随机应变。经营管理的战略职能包括五项内容：经营环境分析、制定战略目标、选择战略重点、制定战略方针和对策、制定战略实施规划。

2. 决策职能

经营职能的中心内容是决策。企业经营的优劣与成败，完全取决于决策职能。决策正确，企业的优势能够得到充分的发挥，扬长避短，在风险经营环境中以独特的经营方式取得压倒的优势，决策失误，将使企业长期陷于困境之中。

3. 开发职能

开发不仅仅限于人、财、物，经营管理的开发职能的重点在于产品的开发、市场的开发、技术的开发以及能力的开发。企业要在激烈的市场竞争中稳操胜券，就必须拥有第一流的人才，第一流的技术，制造第一流的产品，创造出第一流的［市场竞争力］。只有企业在技术、人才、产品、服务、市场适应性方面都出类拔萃，企业才能在瞬息万变的市场竞争中得心应手，应付自如。

4. 财务职能

财务过程，是指资金的筹措、运用与增值的过程。财务职能集中表现为资金筹措职能、资金运用职能、增值价值分配职能以及经营分析职能。企业经营的战略职能、决策职能、开发职能，都必须以财务职能为基础，并通过财务职能做出最终的评价。

5. 公共关系职能

企业同它赖以存在的社会经济系统的诸环节保持协调，这种同外部环境保持协调的职能，被称为社会关系职能或公共关系职能。公共关系的内容包括：企业与投资者的关系，与往来厂商的关系、与竞争者的关系、与顾客的关系、与职工的关系、与地区社会居民的关系、与公共团体的关系、与政府机关的关系。

2.1.2 生产运营相关概念

企业经营沙盘涉及的生产运营相关概念主要有原材料、生产线和 ISO 认证等。

1. 原材料

原材料即原材料和材料。原材料一般指来自矿业和农业、林业、牧业、渔业的产品；材料一般指经过一些加工的原材料。例如林业生产的原木属于原材料，将原木加工为木板，就变成了材料。但实际生活和生产中对原材料和材料的划分不一定清晰，所以一般用"原材料"一词来统称。因此，原材料可以表述为企业用于制造产品并构成产品实体的购入物品，以及购入的用产品生产但不构成产品实体的辅助性物资等。

原材料是企业存货的重要组成部分，其品种、规格较多。因此为加强对原材料的管理和核算，需要对其进行科学的分类。会计上将原材料分为原材料及主要材料、辅助材料、外购半成品、修理用备件、包装材料、燃料等。原材料是其所生产产品实体的主体部分，原材料成本构成了产品成本的主要部分，因此，控制原材料成本是降低产品生产成本的重要途径。

企业经营沙盘主要涉及生产不同的产品需要不同的原材料，企业经营中购买的原材料要与所生产的产品相匹配；原材料成本决定着所生产的产品成本，企业要重视原材料成本的控制。

2. 生产线

生产线是指配有操作工人或工业机器人的机械系统，按顺序完成设定的生产流程的作业线。广义的生产线是指产品生产过程所经过的路线，即从原材料进入生产现场开始，经过加工、运送、装配、检验等一系列生产活动所构成的路线。狭义的生产线是指按照对象原则组织起来的、完成产品工艺过程的一种生产组织形式，即按产品专业化原则，配备生产某种产品（零、部件）所需要的各种设备和各工种的工人，负责完成某种产品（零、部件）的全部制造工作，对相同的劳动对象进行不同工艺的加工。

生产线的主要产品或多数产品的工艺路线和工序劳动量比例，决定了一条生产线上拥有为完成某几种产品的加工任务所必需的机器设备，机器设备的排列和工作地的布置等。生产线具有较大的灵活性，能适应多品种生产的需要；在不能采用流水生产的条件下，组织生产线是一种比较先进的生产组织形式；在产品品种规格较为复杂，零部件数目较多，每种产品产量不多，机器设备不足的企业里，采用生产线能取得良好的经济效益。

生产线按范围大小分为产品生产线和零部件生产线，按节奏快慢分为流水生产线和非流水生产线，按自动化程度分为自动化生产线和非自动化生产线。

企业经营沙盘操作主要涉及随着企业的发展生产线的更新提高过程，以及更新生产线的有利时机的选择等。

2.1.3　财务管理相关概念

企业经营沙盘涉及的财务管理相关概念主要包括筹资、财务支出、财务报表等。

1. 筹资

筹资是指企业筹措生产经营所需资金的活动。筹资活动是企业基本财务活动之一，企业财务活动形成了以现金收支为主的资金运动过程，筹资活动是这一资金运动过程的起点。企业筹资的目的主要是为了满足企业设立、生产经营、偿还债务和资本结构调整的需要。资金是企业的"血液"，是企业生存和发展所不可缺少的。企业没有资金，无法进行生产经营活动；有了资金如果使用不当，也会影响生产经营活动的正常进行。

企业从不同渠道、利用不同筹资方式筹集的资金，由于来源、方式、期限、用途等不同，形成了不同的筹资类别。按所筹集资金的性质不同，资金可分为自有资金和负债资金。自有资金又称为权益资金或主权资金，是企业依法筹集并长期拥有、自主支配的资金；负债资金又称借入资金或债务资金，是企业依法筹资并依约使用、按期偿还的资金。按所筹集资金占用期限的长短不同，资金可分为长期资金和短期资金。长期资金是指占用期限在 1 年或 1 个经营周期以上的资金，短期资金是指占用期限在 1 年或 1 个经营周期以内的资金。

企业经营沙盘操作主要涉及的筹资概念有长期贷款、短期贷款、民间融资、贴现和应收账款等。

（1）长期贷款

长期贷款即长期借款，是指企业向银行或其他金融机构借入的期限在 1 年以上（不含 1 年）或超过 1 年的 1 个经营周期以上的各项借款。长期贷款可分为信用贷款和抵押贷款。信用贷款指不需企业提供抵押品，仅凭其信用或担保人信誉而发放的贷款；抵押贷款是指要求企业以抵押品作为担保的贷款。长期贷款的抵押品常常是房屋、建筑物、机器设备、股票、债券等。

长期借款具有筹资迅速、借款弹性大、成本低等优点，但却存在着筹资风险大、使用限制多、偿还压力大等缺点。

（2）短期贷款

短期借款是企业向银行或其他金融机构等借入的期限在 1 年以下（含 1 年）的各种借款。我国短期借款按照目的和用途分为若干种，主要有流动资金借款、临时借款、结算借款等。按照借款方式的不同，短期借款还可以分为保证借款、抵押借款、质押借款、信用借款。

与中长期贷款相比较，短期贷款具有期限短、风险小、利率低的特点。

（3）民间融资

民间融资是指出资人与受资人之间，在国家法定金融机构之外，以取得高额利息与取得资金使用权并支付约定利息为目的的筹资方式。民间金融包括所有未经注册、在央行控制之外的各种金融形式。民间融资多采用民间借贷、民间票据融资、民间有价证券融资和社会集资等形式。

我国目前的民间融资一般手续比较简单，只载明借贷双方、日期、还款金额或利息等简要信息，因此，民间融资手续简便、灵活，备受急需资金者的青睐。民间融资一般利率较高，城镇利率年息一般在 15% ~30% 之间，乡村利率一般在 10% ~20% 之间。

（4）贴现

贴现是指汇票持票人为筹集资金在汇票到期前，以贴付一定利息的方式向银行转让票据的行为。对企业而言，贴现是企业筹集资金的一种方式，企业可以通过贴现而获取所需的资金。由于企业在汇票到期前进行贴现，因而贴现时企业需要贴付一定的利息。

一般而言，贴现可以分为三种：贴现、转贴现和再贴现。贴现是指客户（持票人）将没有到期的票据出卖给贴现银行，以便提前取得现款。一般企业向银行办理的贴现就属于这一种；转贴现是指银行以贴现购得的没有到期的票据向其他商业银行所作的票据转让，转贴现一般是商业银行间相互拆借资金的一种方式。再贴现是指贴现银行持未到期的已贴现汇票向中央银行的贴现，通过转让汇票取得人民银行再贷款的行为。再贴现是中央银行的一种信用业务，是中央银行为执行货币政策而运用的一种货币政策工具。

贴现申请人向银行办理贴现业务必须具备的条件：一是在银行开立存款账户的企业法人以及其他组织，二是与出票人或者直接前手具有真实的商业交易关系，三是提供与其直接前手之前的增值税发票和商品发运单据复印件。

贴现是银行的一项业务，汇票的支付人对银行负债。银行根据市场利率和票据的信誉规定贴现率计算出贴现日至票据到期日的贴现利息。贴现利息的计算公式为：

$$贴现利息 = 票据面额 \times 贴现率 \times 票据到期期限$$

（5）应收账款

应收账款是指企业因对外赊销产品、材料或提供劳务而应向购货方或接受劳务方收取的款项。应收账款是企业采取商业信誉销售而形成的债权性资产，是企业流动资产的重要组成部分。随着商业信用范围的不断扩大，应收账款越来越多，使得应收账款成为企业筹资的重要渠道。

应收账款首先是由商业竞争引起的，这是应收账款产生的主要原因。在竞争日益激烈的市场经济条件下，企业为了提高竞争力，不得不采用赊销，此时产生的应收账款即为商业竞争引起的，它是一种商业信用。其次是由于销售和收款的时间差引起的。即便是现销时，收入的确认和款项的回收也可能存在时间差，此时产生的应收账款不属于商业信用，也不属于应收账款的主要内容。

应收账款表示企业在销售过程中被购买单位所占用的资金。企业应及时收回应收账款以弥补企业在生产经营过程中的各种耗费，保证企业持续经营；对于被拖欠的应收账款应采取措施，组织催收；对于确实无法收回的应收账款，凡符合坏账条件的，应在取得有关证明并按规定程序报批后，作坏账损失处理。

2. 财务支出

财务支出在此是指企业在生产经营过程中所发生的全部支出。企业经营沙盘操作中主要涉及的财务支持项目有应付账款、应交税金、企业管理费和固定资产折旧等。

（1）应付账款

应付账款是指企业因购买材料、商品或接受劳务供应等业务应支付给供应者的款项。应付账款是由于在购销活动中买卖双方取得物资或劳务与支付货款在时间上的不一致而产生的负债。可见，应付账款是企业未来需要支付的款项，属于财务支出的范围。因此，从涉及应付账款的发票审核、对账、支付等都要加强管理，并重点关注应付账款的付款金额、付款是时间以及现金折扣等信息。

（2）应交税金

应交税金是指企业应交未交的各项税金，如增值税、消费税、营业税、所得税、资源税、土地增值税、城市维护建设税、个人所得税等。企业在一定时期内取得营业收入并实现利润，要按照权责发生制的原则将按规定应向国家缴纳各种税金进行预提处理，这些应交的税金在尚未缴纳之前暂时停留在企业，形成一项负债。

（3）企业管理费

企业管理费用是指企业行政管理部门为管理组织经营活动而发生的各项费用，包括公司经费、工会经费、职工教育经费、劳动保险费、待业保险费、董事会费、咨询费、审计费、诉讼费、排污费、绿化费、税金、土地使用费、土地损失补偿费、技术转让费、技术开发费、无形资产摊销、开办费摊销、业务招待费，坏账损失，存货盘亏、毁损和报废（减盘盈）损失，以及其他管理费用。

（4）固定资产折旧

固定资产是指企业为生产商品、提供劳务对外出租或经营管理而持有的，使用寿命超过一个会计年度的有形资产。固定资产包括房屋、建筑物、机器、机械、运输工具以及其他与生产经营活动有关的设备、器具、工具等。

固定资产折旧是指一定时期内为弥补固定资产损耗按照规定的折旧率提取的一种补偿价值。固定资产折旧实际是在固定资产的使用寿命内，按确定的方法对固定资产价值进行的系统分摊，它反映了固定资产在当期生产中的转移价值。

企业计提折旧的固定资产一般包括房屋建筑物，在用的机器设备、食品仪表、运输车辆、工具器具，季节性停用及修理停用的设备，以经营租赁方式租出的固定资产和以融资租赁式租入的固定资产。企业不计提折旧的固定资产一般包括已提足折旧仍继续适用的固定资产，以前年度已经估价单独入账的土地，提前报废的固定资产，以经营租赁方式租入的固定资产和以融资租赁方式租出的固定资产。

固定资产折旧的计算方法主要有使用年限法、工作量法、双倍余额递减法和年数总和法等。其中，最为常用的是使用年限法。

使用年限法又称直线法或平均年限法，是指将固定资产的应计折旧额均衡地分摊到固定资产预定使用寿命内的一种方法。采用这种方法计算的每期折旧额相等，有关计算公式为：

$$年折旧率 = \frac{1 - 预计净残值率}{预计使用寿命} \times 100\%$$

$$月折旧率 = \frac{年折旧率}{12}$$

$$月折旧额 = 固定资产原值 \times 月折旧率$$

3. 财务报表

财务报表又称会计报表，是指在日常会计核算资料的基础上，按照规定的格式、内容和方法定期编制的综合反映企业某一特定日期财务状况和某一特定时期经营成果、现金流量状况的书面文件。财务报表是会计主体对外提供的反映会计主体财务状况和经营的会计报表，包括资产负债表、利润表、现金流量表或财务状况变动表、附表和附注。

（1）资产负债表

资产负债表又称财务状况表，是指反映企业在一定时点上财务状况的财务报表。资产负债表表明企业在某一特定日期（如月末、季末、年末）所拥有或控制的经济资源、所承担的现有义务和所有者对净资产的要求权。资产负债表是反映企业在某一特定日期全部资产、负债和所有者权益情况的静态报表，是企业经营活动的静态体现。资产负债表依照一定的分类标准和一定的次序，将某一特定日期的资产、负债、所有者权益的具体项目予以适当的排列编制而成。资产、负债、所有者权益的平衡公式为：

$$资产 = 负债 + 所有者权益$$

①资产

资产是指企业拥有或控制的能以货币计量的经济资源。资产一般包括各种财产、债权和其他权利。资产按其流动性（即资产的变现能力和支付能力）划分为：流动资产、固定资产、长期资产、无形资产、递延资产、生物资产和其他资产等。

②负债

负债是指企业所承担的能以货币计量、需以资产或劳务偿还的债务。负债一般按其偿还速度或偿还时间长短划分为流动负债和非流动负债两类。流动负债是指将在一年（含一年）或超过一年的一个营业周期内偿还的债务，主要包括短期借款、应付票据、应付账款、应付利息、预收账款、应付职工薪酬、应缴税费、应付股利、其他应付款等。长期负债是指偿还期在一年或超过一年的一个营业周期以上的债务，包括长期借款、应付债券、长期应付款等。

③所有者权益

所有者权益在股份制企业又称为股东权益，是指企业投资人对企业净资产的所有权。所有者权益实质是企业资产扣除负债后由所有者享有的剩余权利，在数量上等于企业全部资产减去全部负债后的余额。所有者权益一般包括实收资本（或股本）、资本公积、盈余公积和未分配利润等。

（2）利润表

利润表是指反映企业一定会计期间（如月度、季度、半年度或年度）生产经营成果的财务报表。企业一定会计期间的经营成果既可能表现为盈利，也可能表现为亏损，因此，利润表也被称为损益表。利润表全面揭示了企业在某一特定时期实现的各种收入、发生的各种费用、成本或支出，以及企业实现的利润或发生的亏损情况。

利润表是根据"收入－费用＝利润"的基本关系来编制的，其具体内容取决于收入、费用、利润等会计要素及其内容，利润表中的项目是收入、费用和利润要素内容的具体体现。从反映企业经营资金运动的角度看，它是一种反映企业经营资金动态表现的报表，主要提供有关企业经营成果方面的信息，属于动态会计报表。

（3）现金流量表

现金流量表是反映企业在一定时期现金流入和流出动态状况的财务报表。现金流量表组成内容与资产负债表和损益表相一致，通过现金流量表，可以概括反映经营活动、投资活动和筹资活动对企业现金流入流出的影响，对于评价企业的实现利润、财务状况及财务管理，与传统的损益表相比，能提供更好的基础。

现金流量管理中的现金是指企业的库存现金和银行存款，还包括现金等价物，即企业持有的期限短、流动性强、容易转换为已知金额现金、价值变动风险很小的投资等。

现金流量是对企业在一定会计期间按照现金收付实现制，通过一定经济活动（包括经营活动、投资活动、筹资活动和非经常性项目）而产生的现金流入、现金流出及其总量情况的总称，即企业一定时期的现金和现金等价物的流入和流出的数量。例如，销售商品、提供劳务、出售固定资产、收回投资、借入资金等，形成企业的现金流入；购买商品、接受劳务、购建固定资产、现金投资、偿还债务等，形成企业的现金流出。衡量企业经营状况是否良好，是否有足够的现金偿还债务，资产的变现能力等，现金流量是非常重要的指标。

【阅读资料】

企业财务管理

企业财务管理是企业组织财务活动，处理财务关系的一项经济管理工作，是企业管理的主要组成部分。作为企业财务管理人员，应该正确理解财务管理的概念：一是财务管理是对企业财务的管理；二是企业财务是企业的财务活动与财务关系；三是财务活动是企业的筹资、投资、营运和分配活动的统称，它伴随着企业再生产过程中的资金运动而存在；四是企业财务关系是企业与各相关利益主体之间的经济利益关系，是由财务活动所引起的。

财务活动是指资金筹集、投放、使用、收回和分配等经济活动的总称。财务活动伴随着企业资金运动而存在和发生，离开企业资金运动过程，财务活动将不复存在。在资金运动过程中，企业资金的筹集、投放、使用、收回和分配等经济活动不断发生，就形成了企业财务活动。可见，财务活动包括筹资活动、投资活动、营运活动和分配活动等经济活动。

　　财务关系是指企业在组织财务活动过程中与各相关利益主体发生的经济利益关系。财务关系是由财务活动所引起的，并通过财务活动而得到体现。企业财务关系主要包括围绕企业财务活动而形成的企业与政府、投资者、受资者、债权人、债务人、职工等相关利益者以及企业内部各单位之间的财务关系。

2.1.4　其他相关概念

1. 账期

　　账期是指从生产商、批发商向零售商供货后，直至零售商付款的这段时间周期。生产商或批发商在规定时间内给予零售商一定金额的信用额度，零售商在信用额度内不用付款就可以进货，但是在规定时间内必须回款，这个规定时间内的周期就称为账期，零售商的额度和账期一般可以根据合作的情况进行调整，回款信用越好则额度会越大。

　　账期的本质就是零售商（卖场）利用时间差对供应商资金的占用，零售商凭借规模优势和对终端客户的占领，享用着对供应商资源的侵占和掠夺。结果就是，很多零售商（卖场）投入少量的启动资金，就能上占用设备供应商的资金，下占用商品供应商的资金，从而把自己的业务运作起来，用赚来的钱付前期账款，滚动的结果就是零售商（卖场）不拿钱就能赚钱，甚至还出现了用越滚越多的未付货款抽出来开新店，打开投资局面，扩大连锁规模，这样必然就导致对供应商的账款支付越来越不及时，给供应商正常的生意运营造成沉重的资金负担，而被账期拖垮的供应商也屡见不鲜。

　　为保护不公平交易关系中供应商的权益，2006 年 10 月 13 日，商务部、国家发展和改革委员会、公安部、国家税务总局、国家工商行政管理总局联合发布了《零售商供应商公平交易管理办法》，自 2006 年 11 月 15 日起施行。《零售商供应商公平交易管理办法》中第十四条规定：零售商与供应商应按商品的属性在合同中明确约定货款支付的期限，但约定的支付期限最长不超过收货后 60 天。

　　企业经营沙盘操作主要涉及企业作为供应商如何按账期的时间及时组织生产、按时将产品供应给买方。

2. ISO 认证

　　ISO 是英文 International Organization for Standardization 的简称，翻译成中文就是"国际标准化组织"。ISO 是世界上最大的国际标准化组织。它成立于 1947 年 2 月 23 日，它的前身是 1928 年成立的"国际标准化协会国际联合会"（简称 ISA）。世界上最早的国际标准化组织是 1906 年在英国伦敦成立的 IEB，即"国际电工委员会"。IEB 主要负责电工、电子领域的标准化活动，而 ISO 负责除电工、电子领域之外的所有其他领域的标准化活动。ISO 宣称它的宗旨是"在世界上促进标准化及其相关活动的发展，以便于商品和服务的国际交换，在智力、科学、技术和经济领域开展合作。"ISO 现有 100 多个成员，包括 100 多个国家和地区。ISO 的最高权力机构是每年一次的全体大会，其日常办事机构是中央秘书处，设在瑞士的日内瓦。中央秘书处现有 170 多名职员，由秘书长领导。

　　"认证"一词的英文原意是一种出具证明文件的行动。ISO/IEB 指南中对"认证"的定义是："由可以充分信任的第三方证实某一经鉴定的产品或服务符合特定标准或规范性文件的活动。"举例来说，对第一方（供方或卖方）生产的产品甲，第二方（需方或买方）无法判定其品质是否合格，而由第三方来判定。第三方既要对第一方负责，又要对第二方负责，不偏不倚，出具的证明要能获得双方的信任，这样的活动就叫做"认证"。这就是说，第三方的认证活动必须公开、公正、公平，才能有效。这就要求第三方必须有绝对的权力和威信，必须独立于第一方和第二方之外，必须与第一方和第二方没有经济上的利害关系，或者有同等的利害关系，或者有维护双方权益的义务和责任，才能获得双方的充分信任。由国家或政府机关直接担任这个角色，或者由国家或政府认可的组织去担任这个角色，这样的机关或组织就叫做"认证机构"。

ISO 标准的内容广泛，从基础的紧固件、轴承各种原材料到半成品和成品，其技术领域涉及信息技术、交通运输、农业、保健和环境等。每个工作机构都有自己的工作计划，该计划列出需要制订的标准项目（试验方法、术语、规格、性能要求等）。

企业经营沙盘操作主要涉及 ISO 认证简单过程，以强化对 ISO 认证的认知。

2.2　企业经营沙盘的人员分工

在企业经营沙盘训练中，学生被分成 6~12 个团队，每个团队代表一个公司。每个团队 4~6 人，分别扮演不同的管理角色，对应企业经营中的首席执行官、财务总监、营销总监、生产总监和采购经理等管理岗位。

1. 首席执行官（BEO）

首席执行官是在一个企业中负责日常事务的最高行政官员，又称作行政总裁、总经理或最高执行长。首席执行官负责执行董事会的决议，主持公司的日常业务活动；经董事会授权，对外签订合同或处理业务；任免经理人员；定期向董事会报告业务情况，并提交年度报告。

在企业经营沙盘模拟中，首席执行官负责负责把握企业全局，制定发展和运营目标等，其具体职责主要包括：（1）制定企业发展战略规划；（2）带领团队共同决定企业决策；（3）审核企业财务状况；（4）掌握企业经营盈利或亏损情况。

在企业经营沙盘模拟中，首席执行官发挥着最大职能，如果所带领的团队在模拟对抗中意见不一致，则由首席执行官做出最后的决定。

2. 营销总监（BSO）

营销总监是根据企业的实际情况，分析和制定出企业商业运作模式、企业长期发展目标及实施战略决策，为企业制定合理的目标计划与任务指标，使大家能按照企业的战略规划顺利开展日常工作。营销总监在企业经营中主要负责开发市场和实现销售目标。

在企业经营沙盘模拟中，营销总监主要负责广告投放、竞单选择和市场开发等，其具体职责主要包括：（1）稳定企业现有市场，积极开发新市场。（2）进行市场分析和市场预测，制定企业产品销售计划。（3）制定企业广告投放方案。（4）根据企业客户需求和实际生产能力，取得客户订单。（5）督促企业生产部门按时交货，并监督货款的回收。

3. 生产总监（BOO）

生产总监参与制定公司发展战略与年度经营计划，主持制定、调整年度生产计划及预算，计划并指导与生产、工厂管理、原材料供应及质量相关的工作。生产总监全面负责企业生产管理工作，既是生产计划的制订者和决策者，也是生产过程的监控者。

在企业经营沙盘模拟中，生产总监主要负责生产产品、生产线购买或租赁及更换、研发新产品等，其具体职责包括：（1）根据市场需求和客户需要，制定企业生产计划。（2）落实企业生产计划，保证完成生产计划。（3）负责企业生产调度，控制企业生产成本。（4）维持企业生产正常运行，保证及时交货。（5）组织新产品研发，扩充和改进生产设备。

4. 财务总监（BFO）

财务总监是指由企业的所有者或全体所有者代表决定、体现所有者意志、全面负责对企业的财务会计活动进行全面监督与管理的高级管理人员。首席财务官负责财务、会计、投资、融资、投资关系和法律等事务。企业的财务部门、会计部门、信息服务部门都归BFO管理。除了负责公司与投资人的公共关系，财务总监要保证公司在发展过程中拥有足够的现金，要保证有足够的办公和生产经营空间，他们可以向银行贷款，也可以在股市筹钱。此外，公司自身的投资事务和复杂的法律事务也都由财务总监来统筹管理。

在企业经营沙盘模拟中，财务总监主要负责掌管企业的现金、权益、资产和负债，其具体职责包括：（1）筹集和管理资金。（2）做好现金预算，管好用好资金。（3）支付各项费用，核算成本。（4）按时报送财务报表，做好财务分析。

2.3 企业经营沙盘的运营规则

在企业经营沙盘训练中，每个管理岗位承担着不同的运营任务，且在运营过程中要遵守企业经营沙盘的运营规则。

2.3.1 市场营销运营规则

在企业经营沙盘训练中，在市场分析后主要进行制定广告方案、参加订单竞单、交货给客户和市场开发等运营操作，并进行 ISO 资格认证。

1. 制定广告方案

制定广告方案要求根据市场预测情况进行各个产品和地区的广告投放，并向财务总监申请投放广告的费用。由于每个市场的订单是有限的，因而不是投放广告就能得到订单。这就要求广告方案既能保证拿到订单，又能使广告费用达到最低。

2. 参加订单竞单

参加订单竞单要求根据各个地区的广告投入的高低情况进行选单，谁投入的广告费高谁就有优先选单权。本课程的订单是以订单卡片的形式表现的。订单卡片由市场、产品名称、产品数量、单价、订单价值总额、账期、特殊要求等要素构成。

标注有"加急"字样的订单卡片要求在每年的第一季度交货，延期交货将扣除该张订单总额的25%（取整）作为违约金；普通订单卡片可以在当年内任一季度交货，如果由于产能不够或其他原因导致本年不能交货，交货时扣除该张订单总额的25%（取整）作为违约金。

订单卡片上的账期代表客户收货时货款的交付方式，若为0账期，则现金付款；若为4账期，代表客户4个季度后才能付款。

如果订单卡片上标注了"ISO9000"或"ISO14000"，那么要求生产单位必须取得相应认证并投放了认证的广告费，两个条件均具备才能得到这张订单。

3. 交货给客户

交货给客户要求检查各成品库中的成品数量是否满足客户订单要求，满足则按照客户订单交付约定数量的产品给客户。如果是加急订单必须在第一季度交货，否则将罚款25%，如果在本年获得的订单不能在本年没交货，也将罚款25%。

4. 市场开拓/ISO 资格认证

企业为了扩大销售，更好地将产品卖出去，就需要对各个市场和相关的认证进行开发和投资。市场开发和ISO认证在每年的年末进行，每年只能进行一次，每次投入1M，不能加速开发；市场开发和ISO认证不要求每年连续投入，在资金短缺的情况下可以停止投入，但已经付出的投入不能收回；如果在停止投入一段时间后想继续投入，可以在以前投入的基础上继续投入；所有市场可以一次性全部开发，也可以选择部分市场进行开发；ISO9000和ISO14000可以一次性全部研发，也可以选择其中之一进行研发；只有在某一市场完全开发完成后，才能在下一年度里参与该市场的竞单；只有在某一认证研发完毕后，才能在下一季度参加竞单时选择需要该认证的订单。

市场开拓与ISO资格认证的规则见表2-1和表2-2，M表示货币单位（百万元）。

表 2-1　市场开拓规则

市场	本地市场	区域市场	国内市场	亚洲市场	国际市场
开拓时间	开发完成	1 年	2 年	3 年	4 年
开拓投入	0	1M/年	1M/年	1M/年	1M/年

表 2-2　ISO 资格认证规则

ISO9000	质量	ISO14000	环境
时间	2 年	时间	4 年
投入	2 M	投资	4 M

2.3.2　生产运营规则

在企业经营沙盘训练中，生产运营主要进行接收原材料并付款、下原材料订单、产品研发投资、购买/更新/转产生产线，以及更新生产与产品完工入库、支付设备维护费等。

1. 接收原材料并付款

原材料到达企业时，必须照单全收，并按规定支付原材料费用或计入应付账款。

采购原材料与账期设置规则见表2-3，Q表示1个季度。

表2-3 采购原材料与账期规则

原材料的采购（每个原材料价格为1M）		账期
每种每次原材料采购	5个以下	现金
	6~10个	1Q
	11~15	2Q
	16~20	3Q
	20个以上	4Q

2. 下原材料订单

原材料采购涉及两个环节，即签订采购合同和按合同收料。签订采购合同时要注意采购提前期，其中原材料R1和R2的提前期为1个季度，R3和R4的提前期为2个季度。各种产品所用到的原材料及数量见图2-1。

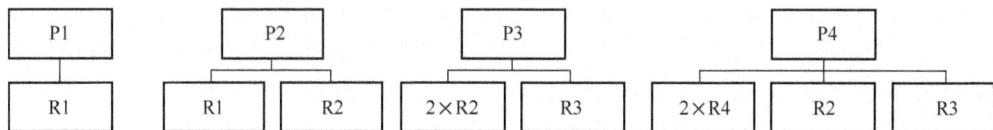

图2-1 生产产品所需原材料

3. 产品研发投资

（1）产品的研发至少6个周期，每个周期只能投入一定的费用，不能加速研发。

（2）只有在研发完成后才可以进行该种产品的加工生产，没有研发完成时不能开工生产（但可以提前备料）。

（3）可以同时研发所有的产品，也可以选择部分产品进行研发。

（4）可以在任何时间里停止对产品技术的投资，但已经付出的投资不能收回。

（5）如果在停止研发一段时间后想继续研发，可以在以前研发的基础上增加投入。

各产品研发时间与投资需求额见表2-4，表中P表示所生产产品。

表2-4 产品研发时间与投资需求额

产品	P2	P3	P4
研发时间	1.5年（6Q）	1.5年（6Q）	1.5年（6Q）
投资额	6M	12M	18M

4. 购买/更新/转产生产线

购买/更新/转产生产线的规则见表2-5。

表 2-5 购买/更新/转产生产线规则

生产线	手工	半自动	全自动	柔性
购买价	5M	8M	16M	24M
安装时间	无	2Q	4Q	4Q
生产周期	3Q	2Q	1Q	1Q
出售残值	1M	2M	4M	6M
变更周期	无	1Q	2Q	无
变更费用	无	1M	4M	无

5. 开始新的生产

产品研发完成后,可以接单生产。每条生产线同时只能有一个产品在线。产品上线时需要支付加工费,不同生产线的生产效率不同,但需要支付的加工费也是不相同的(见表 2-6)。

表 2-6 不同生产线生产不同产品的加工费用

产品线 产品	手工线	半自动	全自动/柔性
P1	1M	1M	1M
P2	2M	1M	1M
P3	3M	2M	1M
P4	4M	2M	1M

另外,生产运营中还需要进行更新生产与产品完工入库、支付设备维护费的操作,将每个再生产的生产线向成品库的方向靠近即表示完成了更新生产与产品完工入库,每条生产线每年需付 1M 的维护费。

2.3.3 财务管理规则

在企业经营沙盘训练中,财务管理活动主要涉及支付税金、归还短期贷款/支付利息、购买厂房、计提折旧、关账等活动。

1. 支付税金

企业所得税是对企业在一定时期内的纯所得(净收入)额征收的税种。企业所得税按法定税率计算,在企业经营沙盘中规定的规则为税前利润除 3 取整。

2. 取得和归还贷款/支付利息

虚拟企业可以进行长期贷款、短期贷款和民间融资,或者偿还长期贷款、短期贷款和民间融资的本金及其利息。无论长期贷款、短期贷款还是民间融资,均以 20M 为基本贷款单位。长期贷款最长期限为 6 年,短期借款及民间融资期限为 1 年(4 个季度),不足 1 年的按 1 年计息,贷款到期后必须返还。贴现是将应收账款变成现金的活动,应收款贴现随时可以进行，并按 7 的倍数和应收账款额度 1:6 的比例取得款项。应收账款贴现时不考虑账期因素。

各种融资方式的规则见表 2-7。

表 2-7　各种融资方式的规则

融资方式	规定贷款时间	贷款额度	还贷规定	利率
长期贷款	每年年末	上一年所有者权益的两倍且被 20 整除的最小整数减去已获长期贷款	年底付息，到期还本	5%
短期贷款	每季度初	上一年所有者权益的两倍且被 20 整除的最小整数减去已获短期贷款	到期一次还本付息	10%
民间融资	任何时间	协商	到期一次还本付息	15%
贴现	任何时间	按应收账款额度 1:6 的比例	贴现时付息	1/7

3. 购买（或租赁）厂房

为了模拟企业生产环境，企业经营沙盘中设置了 A、B、C 三种厂房，A 厂房可安装四条生产线、B 厂房可安装三条生产线、C 厂房可安装一条生产线，厂房交易和租赁的价格及规模见表 2-8。

表 2-8　厂房交易和租赁的价格及规模说明

厂房	A 厂房	B 厂房	C 厂房
价值	32M	24M	12M
租金/年	4M	3M	2M
售价	32M	24M	12M
生产线	4 条	3 条	1 条

4. 计提折旧

随着生产线使用年限的增加，生产线会出现贬值，通过在税前利润中扣除，折旧这个项目更能反映企业的真实情况。在企业经营沙盘训练中，厂房不计提折旧，在建工程及当年新建设备不计提折旧。设备按使用年限法计提折旧，设备折旧额的计算公式为：

$$设备折旧额 = \frac{设备价值}{3}$$

设备折旧额的计算结果不能整除时，向下取整。

厂房可以随时使用，年底再决定是否购买所用的厂房。如果决定购买，则支付相应的现金，将支付的现金放入厂房价值区；如果决定不购买，则必须支付租金，支付的租金不考虑厂房开始使用的时间，只要在年底时不购买厂房，则必须支付全年的租金。

厂房可随时按购买价值出售，得到的是与购买厂房价值相等的现金。

5. 关账

在企业经营沙盘训练中，一年经营下来，年终要做一次盘点，编制损益表和资产负债表等财务报表。关账后，沙盘的操作任务不能再进行。

单元3

企业经营沙盘实训操作基础

【学习目标】

完成企业经营沙盘基本操作流程与操作方法的学习，熟知虚拟企业的经营现状和企业经营沙盘的基本盘面，学会操作企业经营沙盘软件。

【学习内容】

虚拟企业经营现状、企业经营沙盘盘面、企业经营沙盘操作方法。

3.1 虚拟企业基本假设

企业经营沙盘实训假设的是一家生产制造型企业，长期从事 P 系列产品的生产经营，分别可以生产 P1、P2、P3、P4 产品。企业现拥有一间厂房、4 条生产线，其中 3 条生产线为手工生产线，1 条为半自动生产线。目前企业只生产 P1 产品，并仅在本地市场销售，经营规模和财务状况较为稳定，企业处于盈利状态。但企业发展速度已经放缓，生产线比较陈旧，产品及其市场单一。

企业经营沙盘实训要求每个团队模拟经营一家上述这种虚拟企业，任务是在激烈的市场竞争中抓住机遇，积极开发市场，研发新产品，优化产品结构，提升生产能力，使企业进入快速发展阶段。

3.1.1 虚拟企业经营现状

虚拟企业第一年总资产共 100M（百万），其中土地和建筑价值 32M、机器和设备价值 10M、现金 20M、应收款 18M、在制品价值 8M、成品价值 8M、原材料价值 4M；总负债 42M，其中长期贷款 40M、应缴税 2M。资产负债表和损益表见表 3-1、表 3-2。

表 3-1 虚拟企业第一年资产负债表

资产	年初	年末	负债+权益	年初	年末
固定资产			负债		
土地和建筑	32	32	长期负债	40	40

资产	年初	年末	负债 + 权益	年初	年末
机器和设备	10	10	短期负债	0	0
总固定资产	42	42	应付款	0	0
流动资产			应交税	2	2
现金	20	20	总负债	42	42
应收款	18	18	权益		
在制品	8	8	股东资本	45	45
成品	8	8	利润留存	9	13
原料	4	4	年度净利	4	0
总流动资产	58	58	所有者权益	58	58
总资产	100	100	负债 + 权益	100	100

表 3 – 2　虚拟企业第一年损益表

	去年	今年
销售收入	38	0
直接成本	– 14	0
毛利	22	0
综合费用	– 9	0
折旧前利润	13	0
折旧	– 5	0
支付利息前利润	8	0
财务收入/支出	– 2	0
额外收入/支出	0	0
税前利润	6	0
所得税	– 2	0
净利润	4	0

3.1.2　虚拟企业经营沙盘盘面

企业经营沙盘每个团队在登录电子沙盘软件后，可进入虚拟企业第一年第一季度的沙盘盘面（图 3 – 1）。电子沙盘的盘面可以反映企业目前的运营状况，虚拟企业经营的操作也从这个盘面开始。

图 3 – 1 虚拟企业经营沙盘盘面可以分为左右两部分。右侧部分为体现模拟操作程序的任务清单，以及经营分析和特殊任务等；左侧由上至下可以分为 1 ~ 5 个操作区：假设

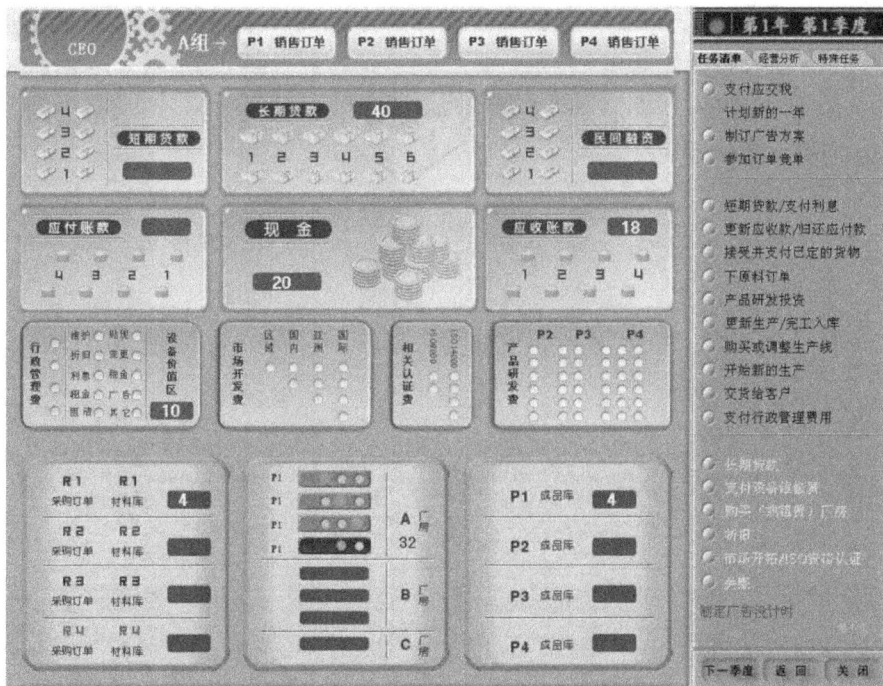

图 3-1 虚拟企业第一年第一季度初始盘面

依次为 1 区、2 区、3 区、4 区、5 区。

1. 1 区:销售订单

销售订单操作区(见图 3-2)可以查看虚拟企业在本年度所有的销售订单,包括订单的编号、产品名称、数量、单价、总价、账期、是否需要 ISO 认证等信息。

图 3-2 虚拟企业销售订单操作区

2. 2 区:短期贷款、长期贷款、民间融资

这一区域包括短期贷款、长期贷款和民间融资 3 个操作区(见图 3-3)。

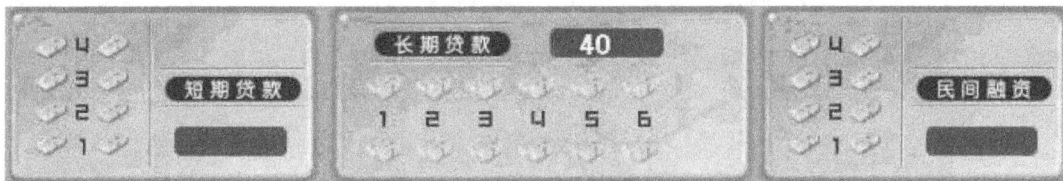

图 3-3 虚拟企业短期贷款、长期贷款、民间融资操作区

短期贷款操作区反映企业的短期贷款数量和应还时间,虚拟企业的初始短期贷款为 0。

长期贷款操作区反映企业的长期期贷款数量和应还时间，虚拟企业的初始长期贷款为40M，其中20M的长期贷款应在4年后归还，其余20M的长期贷款应在5年后归还，因此图3－3中4和5为红色。民间融资操作区反映企业的民间融资的数量和应还时间，虚拟企业的初始民间融资为0。

3.3区：应付账款、现金、应收账款

这一区域主要包括应付账款、现金和应收账款3个操作区（见图3－4）。

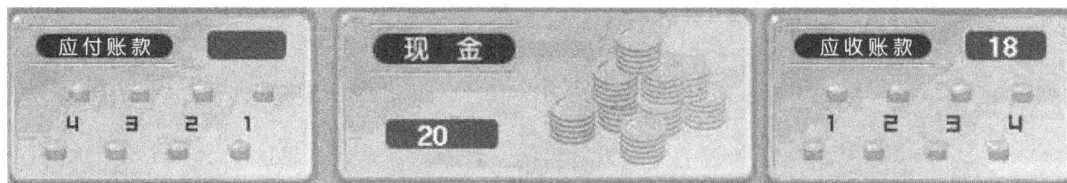

图3－4　虚拟企业应付账款、现金、应收账款操作区

应付账款操作区反映企业的应付账款数量，虚拟企业第一年第一季度的应付账款为0。现金操作区反映企业现金数量，虚拟企业第一年第一季度的现金为20M。应收账款操作区反映企业应收账款数量，虚拟企业第一年第一季度的应收账款为18M，其中9M的应收款账期为3个季度，9M的应收款账期为4个季度，因此，图3－4中的数字3、4为红色。

4.4区：行政管理费与设备价值、市场开发费、相关认证费、产品研发费

这一区域主要包括行政管理费与设备价值区、市场开发费、相关认证费和产品研发费等操作区（见图3－5）。

图3－5　虚拟企业行政管理费与设备价值、市场开发费、相关认证费、产品研发费操作区

行政管理费操作区反映虚拟企业行政管理费用的情况，行政管理费主要包括广告费用、设备维修费用、利息、税金等方面；设备价值区反映虚拟企业生产线的现值，虚拟企业初始设备价值为10M，其中有3条手工生产线设备现值值各为2M，一条半自动生产线设备现值为4M。

市场开发操作区反映虚拟企业的市场开发情况，电子沙盘中一共有5个市场，分别是本地市场、区域市场、国内市场、亚洲市场和国际市场，虚拟企业如果要在某一市场上出售产品，必须先开发该市场。模拟器也在初始年本地市场已经开发完成，区域市场还需开发1次，国内市场还需开发2次，亚洲市场还需开发3次，国际市场还需开发4次，每个市场每年只能开发1次，每次的开发费用为1M，各个市场可以同时进行开发，在市场开发过程中可以随时中止或者继续开发，某一市场一旦开发完成，下一年即可在该市场销售

产品。

相关认证费操作区反映虚拟企业相关的认证情况，在虚拟企业的经营过程中，市场上的部分利润相对较高的订单都需要经过相应的认证，虚拟企业可以获得的认证有两种：ISO9000 和 ISO14000，其中 ISO9000 需要投入 2 次，ISO14000 需要投入 4 次。每个 ISO 认证每年可投入一次，每次 1M。各个 ISO 认证可以同时投入，ISO 认证的投入可以随时中止或者继续投入，某一 ISO 认证一旦投入完成，下一年即可销售具有该 ISO 认证的产品。

产品研发费反映虚拟企业产品的研发情况，在虚拟企业的经营过程中，一共可以出售 4 种产品，其中 P1 已经研发完成，可以直接生产和销售，而 P2、P3、P4 都需要进行研发，研发完成以后才能进行生产和销售，每种产品均需研发 6 次，虚拟企业每个季度都可以对一个或者多个产品进行研发，P2 的研发费用为每次 1M、P3 的研发费用为每次 2M、P4 的研发费用为每次 3M，产品的研发可以随时中止或者继续研发，某一产品一旦研发完成，立即就可以生产和销售该产品。

5.5 区：原材料仓库、厂房与设备、成品仓库

这一区域主要包括原材料仓库、厂房与设备和成品仓库 3 个操作区（见图 3 - 6）。

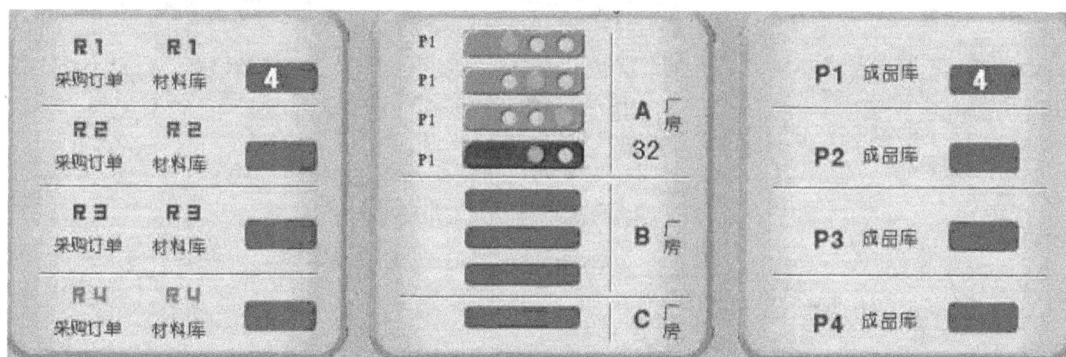

图 3 - 6　虚拟企业原材料仓库、厂房与设备、成品仓库操作区

原材料仓库操作区反映企业原材料仓库的库存情况，虚拟企业生产 P1、P2、P3、P4 共 4 种产品，共需要 R1、R2、R3、R4 共 4 种原材料，要使生产线正常生产就必须保证原材料的充足。虚拟企业在第 1 年第 1 季度共有 4 个 R1 原材料，并且在上一年已经采购了 2 个 R1 原材料，将在第一季度到货。

厂房与设备操作区反映虚拟企业厂房与生产线的情况，A 厂房是虚拟企业的自有资产，价值 32M，共安装了 4 条生产线，B、C 厂房没有生产线，如需使用 B、C 厂房则需要租赁或者购买；虚拟企业一共可以选择 4 种生产线进行安装：手工线、半自动线、全自动线和柔性线。虚拟企业在第一年第一季度共有 4 条生产线，其中手工线 3 条（蓝色）、半自动线 1 条（咖啡色）。手工线上有 3 个圆圈，表示手工线生产一个产品共需 3 个季度；半自动线上有 2 个圆圈，表示半自动线生产一个产品共需 2 个季度。第一条手工线第一个圆圈为绿色，表示该产品目前处于生产的第一阶段；第二条手工线第二个圆圈为绿色，表示该产品目前处于生产的第二阶段；第三条手工线第三个圆圈为绿色，表示该产品目前处于生产的最后一个阶段；第四条半自动线第一个圆圈为绿色，表示该产品目前处于生产的

27

第一阶段。

成品仓库操作区反映企业成品仓库的库存情况，生产线生产完成的产品直接进入成品仓库，虚拟企业在第一年第一季度共有 P1 产品 4 个。

3.2 虚拟企业经营沙盘操作方法

了解了虚拟企业沙盘盘面的初始年状态后，每个团队就开始各自的经营。虚拟企业经营的工作任务集中在沙盘盘面的右侧，主要包括以下三类任务：年初任务、季度任务、年末任务（见图 3-7）。

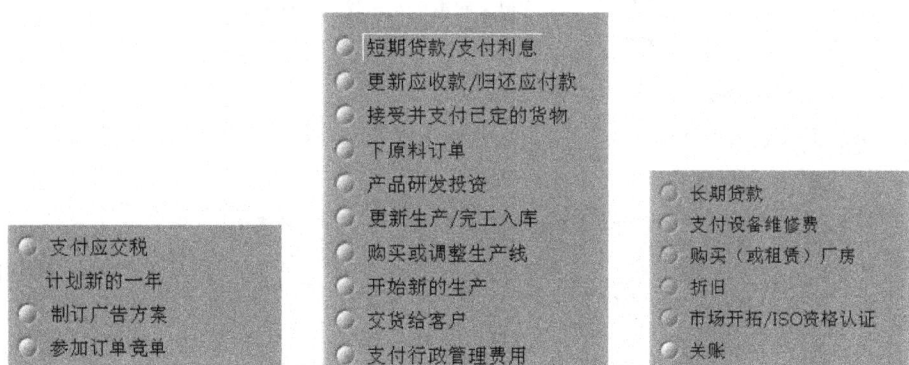

图 3-7 虚拟企业经营工作任务

3.2.1 虚拟企业经营沙盘年初任务

虚拟企业经营沙盘年初任务主要包括支付应交税、制定广告方案、参加竞单等。

1. 支付应交税

企业在经营过程中，应诚信纳税，虚拟企业所得税是对企业在一定时期内的纯所得（净收入）额征收的税种。虚拟企业所得税为税前利润减去前几年亏损总额，余额乘 25% 取整（四舍五入）（累计不超过 5 年）。

虚拟企业第一年缴税为 2M，交完税后沙盘盘面现金由 20M 变为 18M（见图 3-8）。

2. 制定广告方案

虚拟企业的营销总监根据市场预测情况进行各个产品和地区的广告投放，投放广告的高低直接影响得到订单数量的多少，每个团队按照每个地区的广告投入高低顺序进行选单；如果出现多个团队广告投入一样，则按照该产品在所有市场投放广告量的先后顺序进行选单，如果还是出现多个团队相同，再看各个团队广告投放方案的先后顺序；如有市场上剩余的订单，则可以按照广告投放的高低进行循环选单，但每个市场的订单是有限的，并不是投放广告就能得到订单。只有开发完成的市场才可以投放广告，每年至少投放 1M 才能维持该市场，否则视为本年度放弃该市场。

虚拟企业第一年在 P1 产品的本地市场投放广告 7M（见图 3-9）。

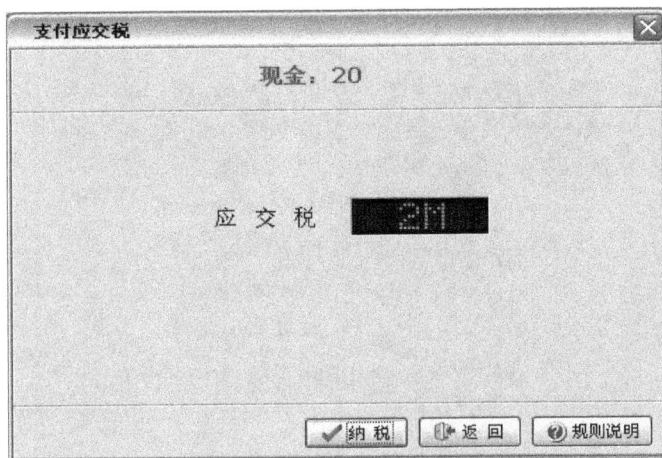

图3-8 支付应交税盘面

图3-9 广告投放盘面

根据广告投放结果，虚拟企业J的广告投放最高（7M），将第一个选单，F企业广告投放最低（1M），将最后一个选单（见图3-10）。

年份	小组	产品	本地	区域	国内	亚洲	国际	合计
1	A	P1	5	0	0	0	0	5
1	B	P1	5	0	0	0	0	5
1	C	P1	6	0	0	0	0	6
1	D	P1	5	0	0	0	0	5
1	E	P1	6	0	0	0	0	6
1	F	P1	1	0	0	0	0	1
1	G	P1	3	0	0	0	0	3
1	H	P1	6	0	0	0	0	6
1	I	P1	5	0	0	0	0	5
1	J	P1	7	0	0	0	0	7

图3-10 广告投放结果

3. 参加订单竞单

销售收入是虚拟企业资金来源的主要方式，如果企业想要获得可观的利润，就必须拿到理想的订单。每个团队根据各个地区的广告投入的高低情况进行选单，哪个团队投入的广告费高谁就有优先选单权。

竞单正式开始后，由虚拟企业第一个选单，经过慎重考虑后，最终选择了数量为6，总金额为32M的订单（见图3-11）。

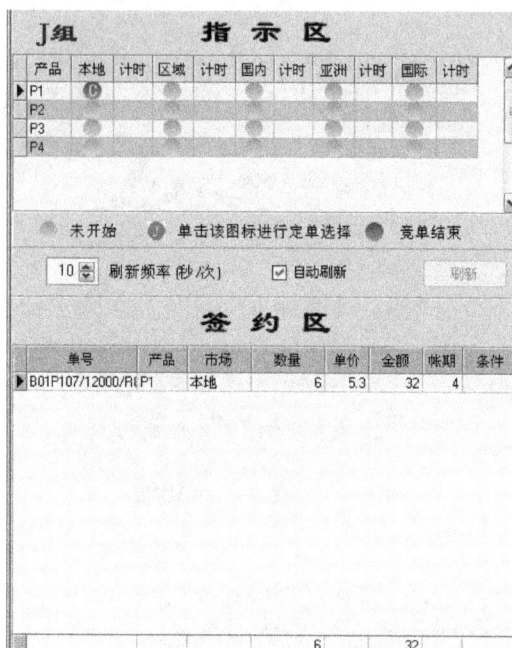

图 3 – 11　竞单选择结果

3.2.2　季度任务（第一年第一季度）

1. 归还短期贷款/支付利息

该任务将更新短期贷款和民间融资，虚拟企业可以在该任务中进行短期贷款和民间融资，或者偿还短期贷款和民间融资的本金及其利息，短期贷款和民间融资的还款期限均为4个季度。

虚拟企业目前暂时不需要贷款，因此直接点返回。短期贷款操作界面见图 3 – 12。

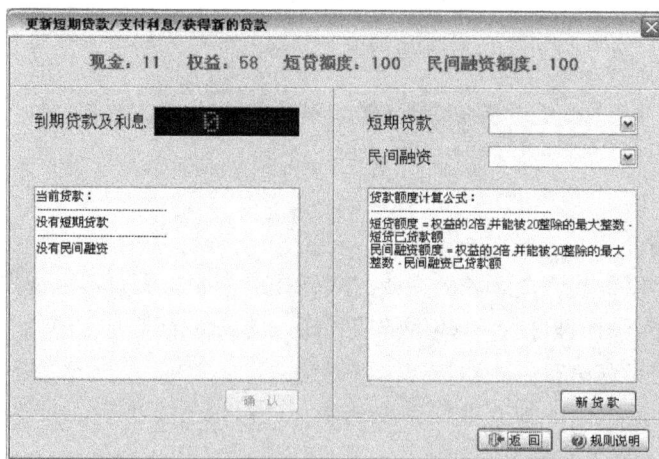

图 3 – 12　短期贷款盘面

2. 更新应收账款/归还应付账款

该任务可以更新应收款、归还应付款以及进行贴现，更新应收款后会使应收款的账期向前推进一期，如果应收款账期为 1 的话，则应收款在更新后变成现金；更新应付款后会使应付款的账期向前推进一期，如果应收款账期为 1 的话，则需提取现金归还应付款；贴现是将应收账款变成现金的动作，应收款贴现随时可以进行，贴现按 7 的倍数取应收账款，并将 1/7 作为贴现费用直接扣除。更新应收账款与归还应付账款界面见图 3 - 13。

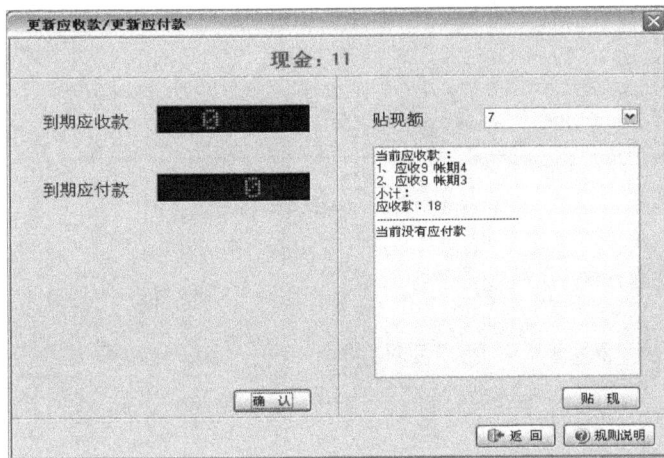

图 3 - 13　更新应收款与归还应付款盘面

虚拟企业更新应收账款前后沙盘盘面的变化见图 3 - 14、图 3 - 15。

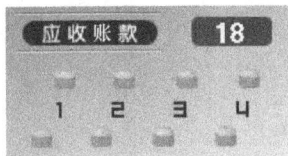

图 3 - 14　更新应收账款前盘面

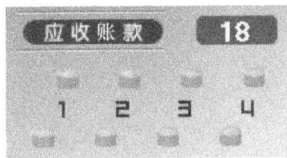

图 3 - 15　更新应收账款后盘面

3. 接收原材料并付款

该任务为虚拟企业接受供应商已经发出的原材料，虚拟企业必须无条件接受原材料并支付材料款，每个原材料的价格为 1M。由于虚拟企业上一季度已订 2 个 R1，因此本季度到货 2 个 R1，支付现金 2M，原材料仓库的 R1 增加为 6 个（见图 3 - 16）。

4. 下原料订单

虚拟企业在该任务中需要为以后的生产采购原材料，为了防止虚拟企业的生产出现停工待料，虚拟企业必须按照采购规则提前进行原材料采购，需要多少原材料则在相应的原材料框中填入需要的原材料数量。

由于虚拟企业目前只生产 P1 产品，而 P1 所需的原材料 R1 库存充足，因此本季度不

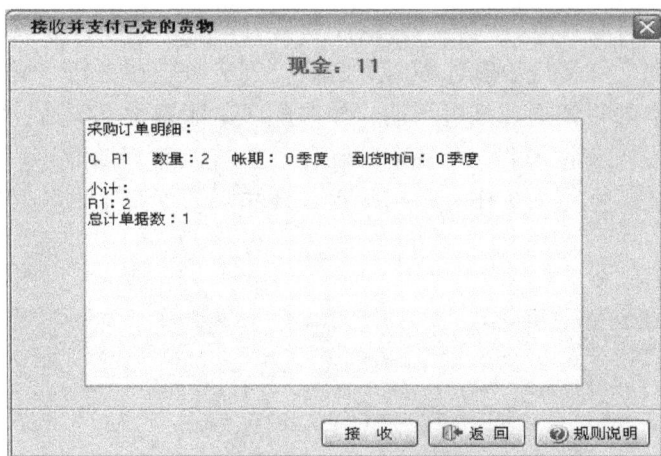

图 3 - 16　接收并支付已定原材料盘面

采购原材料，直接选择跳过（见图 3 - 17）。

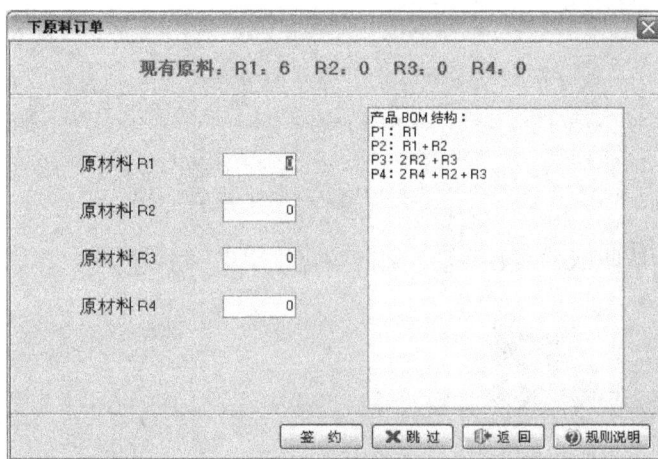

图 3 - 17　下原料订单盘面

5. 产品研发投资

为了增强竞争力，促进企业利润的提高，虚拟企业必须进行新产品的研发。产品的研发至少 6 个周期，每个周期只能投入一定的费用，不能加速研发；只有在研发完成后才可以进行该种产品的加工生产，没有研发完成时不能开工生产（但可以提前备料）；虚拟企业可以同时研发所有的产品，也可以选择部分产品进行研发；虚拟企业可以在任何时间里停止对产品技术的投资，但已经付出的钱不能收回；如果在停止研发一段时间后想继续研发，可以在以前研发的基础上增加投入。经过讨论，虚拟企业准备生产 P3 产品，因此对 P3 产品进行研发（见图 3 - 18）。

研发后沙盘盘面 P3 第 1 期变为红色，表示 P3 产品已经研发了 1 期（见图 3 - 19）。

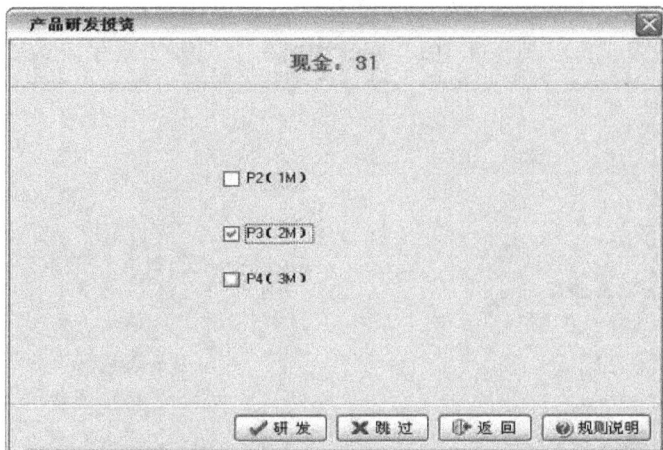

图 3 - 18　产品研发盘面

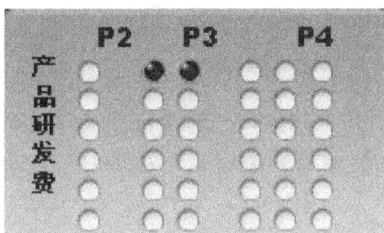

图 3 - 19　产品研发后的盘面

6. 更新生产/产品完工入库

该任务可以使在制品在生产线上前移一格，在生产线最后一个的在制品即变成成品进入成品仓库（见图 3 - 20）。

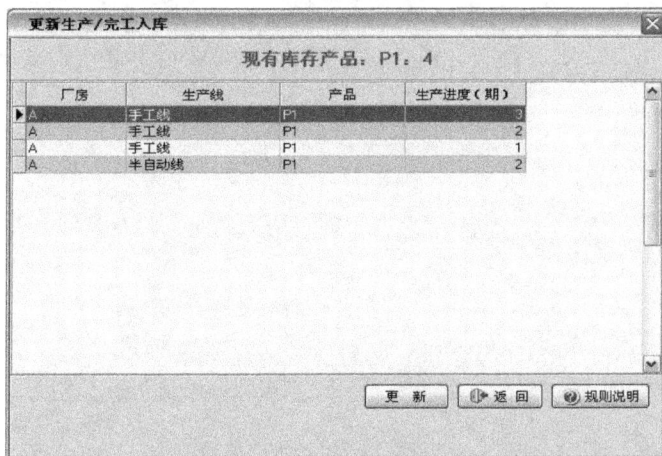

图 3 - 20　更新生产线盘面

虚拟企业更新生产线后盘面发生以下变化，更新后在制品在各条生产线上前移一格，第 3 条手工线生产完成，成品仓库中 P1 数量增加 1 个，第 3 条手工线变为空闲状态（见图 3-21、图 3-22）。

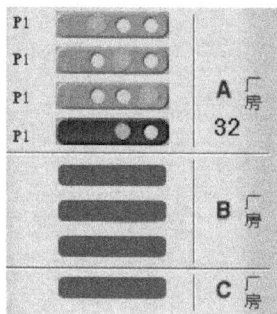

图 3-21　更新生产线前盘面　　　　图 3-22　更新生产线后盘面

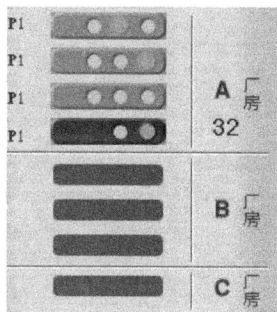

7. 购买/更新/转产生产线

该任务中虚拟企业可以改进生产线，增加新生产线，出售生产线更新生产线是将正在安装或者转产中的生产线支付费用进行安装，增加新生产线是在有空余的厂房中添加新的生产线，出售生产线是将已有的且不在生产的生产线出售。

虚拟企业在第一季度不准备对生产线进行任何变动，因此操作时直接点击返回。

8. 开始新的生产

该任务中虚拟企业可以对空闲的生产线进行新的生产。产品研发完成后，可以接单生产。每条生产线同时只能有一个产品在线。

虚拟企业由于第三条生产线已经生产完毕，现在处于空闲阶段，因此对该生产线进行新生产（见图 3-23）。

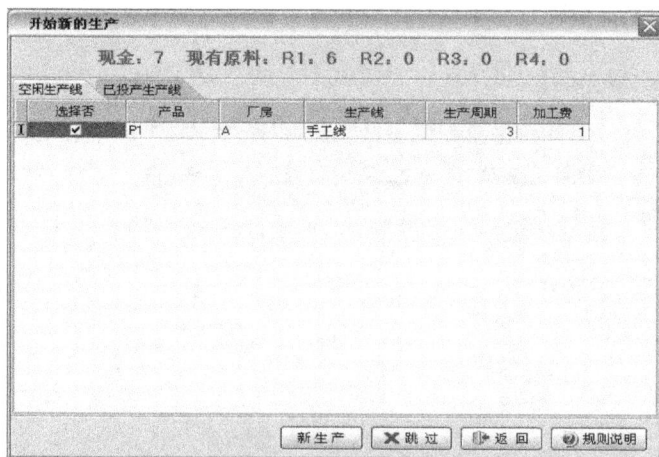

图 3-23　开始新生产盘面

开始生产后生产线第三条生产线处于生产的第一阶段，生产线盘面相应变为如图 3-

24 所示状态。

9. 交货给客户

产品生产完毕以后，需要将产品交货给客户，才能真正实现产品所有权的让渡、增加企业利润。如果产品的库存数大于等于订单的数量，就可以交货，否则不允许交货。第一季度未交货的加急订单将交违约金，第四季度未交货的所有订单（包括加急订单）也将付违约金，违约金为订单金额的 25%（四舍五入）。

虚拟企业由于 P1 库存数只有 5 个，而订单上的数量是 6 个，所以目前暂时不能交货，直接选择结束交货（见图 3 - 25）。

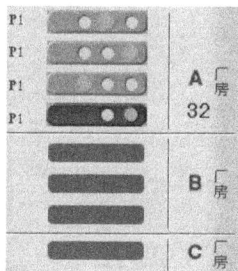

图 3 - 24　开始生产后的生产线盘面

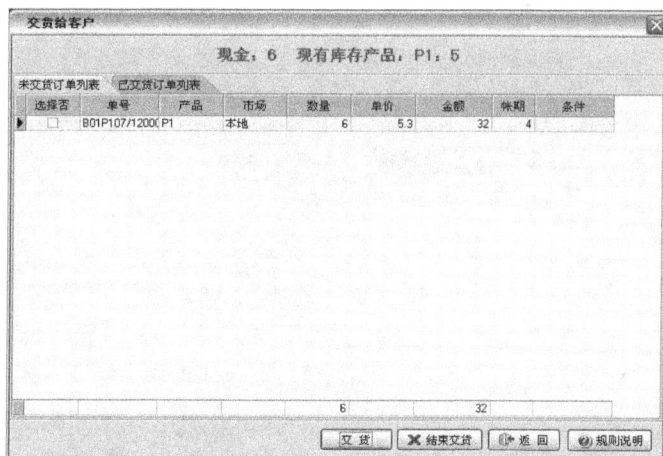

图 3 - 25　交货给客户盘面

10. 支付行政管理费用

管理费用是企业为了维持运营发放的管理人员工资、差旅费、招待费等。经营企业就要支付一定的行政管理费用，沙盘模拟中每个季度需要支付行政管理费用 1M（见图 3 - 26）。

至此，虚拟企业一个季度的运营已经完成，点击下季度进入第二季度的运营。

3.2.3　季度任务（第一年第二季度）

1. 归还短期贷款/支付利息

虚拟企业目前现金只有 5M，不足以支持下面的运营，因此增加 20M 的短期贷款。在短期单款下拉框中选择 20，点击新贷款，贷款的账期为 4 个季度，利息为 5%，将在第二年的第二季度连本带息偿还 21M（见图 3 - 27）。

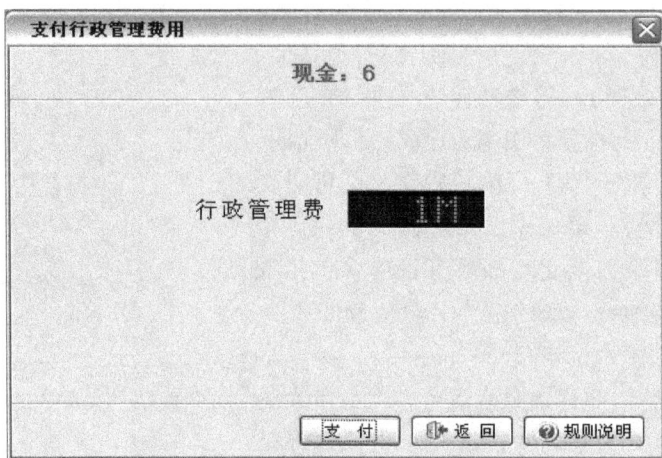

图 3 - 26　支付行政管理费用盘面

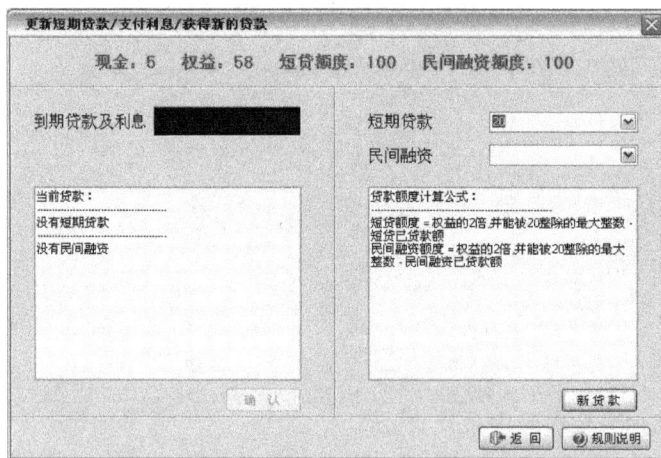

图 3 - 27　新增短期贷款盘面

2. 更新应收款/归还应付款

更新应收账款后，虚拟企业的营收账款账期前移一期，1、2 数字变成红色。

3. 接收原材料并付款

由于上一季度没有下原料订单，因此本季度虚拟企业没有原材料到达。

4. 下原料订单

由于虚拟企业的 P1 原材料还有库存，因此本季度不采购原材料。

5. 产品研发投资

本季度虚拟企业继续对 P3 产品进行研发，研发后产品的研发盘面变为如图 3 - 28 所示状态。

6. 更新生产/产品完工入库

更新生产，在制品在生产线上前移一个，更新生产后虚拟企业第二条手工线和第四条半自动线各生产出一个产品，生产线状态变为空闲（图 3-29），P1 成品库的库存增加为 7。

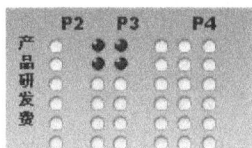

图 3-28　产品研发后盘面图

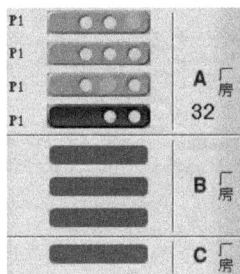

图 3-29　更新生产线后盘面

7. 购买/更新/转产生产线

更新生产后，第二条手工线变为空闲状态，虚拟企业决定将其出售，在购买或调整生产线界面中的可变卖生产线框中选择该手工线，然后点击变卖（见图 3-30）。

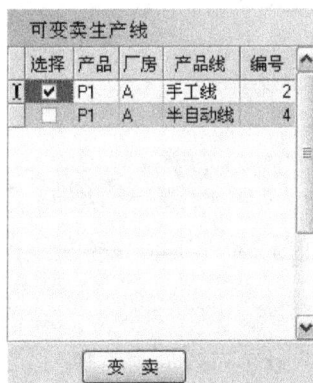

图 3-30　变卖生产线盘面

手工线的出售残值为 1M，因此现金增加 1M，A 厂房少一条生产线，生产线盘面变为如图 3-31 所示。

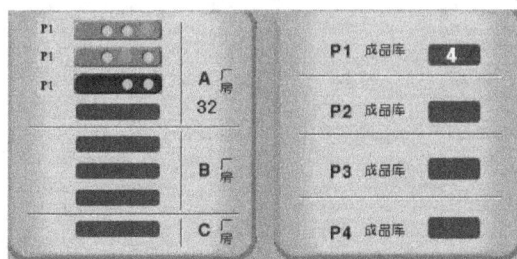

图 3-31　变卖生产线后盘面

另外，虚拟企业准备购买一条新的全自动生产线生产 P3 产品，因此在购买生产线界面选择全自动生产线，产品选择 P3，厂房选择 A 厂房，点击购买（见图 3－32）。

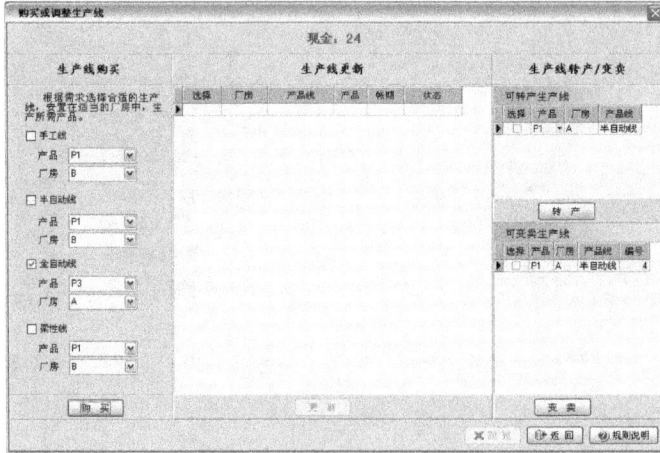

图 3－32　购买生产线盘面

全自动生产线价值为 16M，分 4 个季度支付，本季度支付 4M，因此现金扣除 4M。购买完毕后生产线盘面变为下图，蓝色生产线代表正在安装中的生产线，共需要安装 4 个季度，目前处于安装的第一阶段（见图 3－33）。

图 3－33　购买生产线后盘面

8. 开始新的生产

更新生产线后虚拟企业的半自动生产线为空闲状态，因此需要对这条生产线进行新的生产，点击新生产后 R1 原材料减少 1 个，并扣除 1M 的加工费（见图 3－34）。

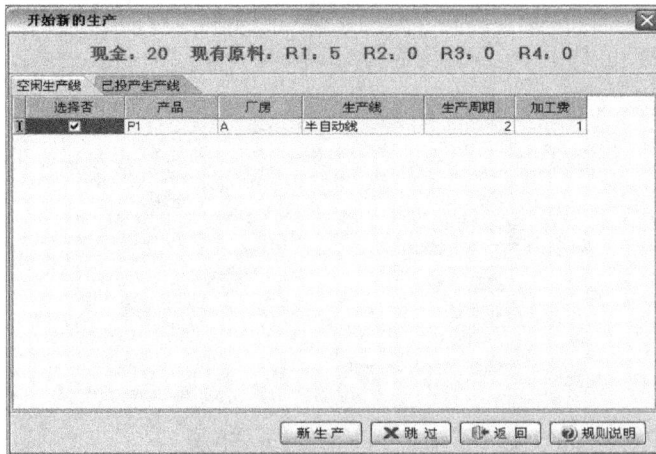

图 3－34　开始新的生产盘面

开始新生产后的盘面见图 3 – 35。

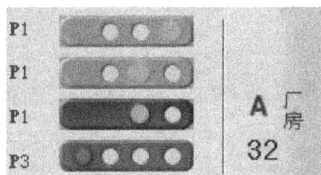

图 3 – 35　开始新生产后盘面

9. 交货给客户

本季度 P1 产品共有 7 个，而 P1 产品销售订单的数量是 6 个，所以可以选择交货给客户，选中该订单，点击交货（见图 3 – 36）。

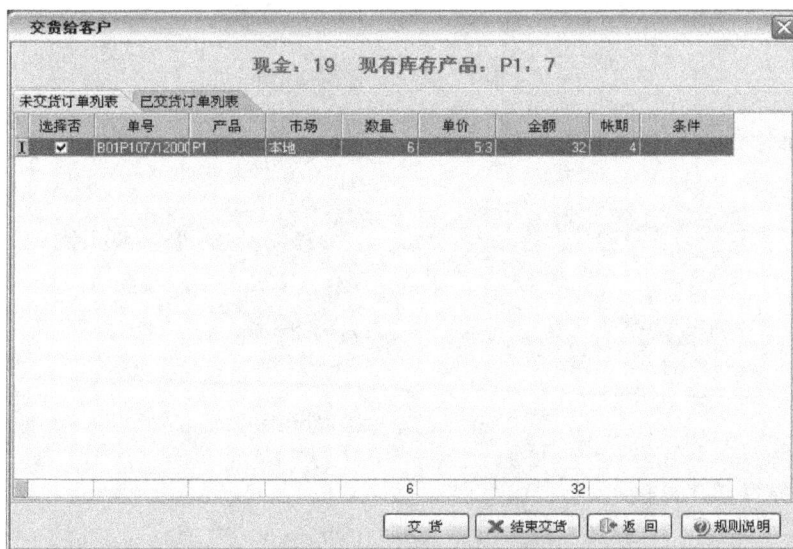

图 3 – 36　交货给客户盘面

交货后 P1 产品库存减少 6 个，应收账款增加 32，应收账款的账期为 4 个季度。

10. 支付行政管理费用

虚拟企业每季度需支付行政管理费用 1M。

3. 2. 4　季度任务（第一年第三季度）

1. 归还短期贷款/支付利息

更新短期贷款，虚拟企业上季度的 20M 短期贷款账期前移一个季度，短期贷款盘面中数字 3 变为红色。虚拟企业本季度不需要短期贷款，直接点击返回。

2. 更新应收账款/归还应付账款

本季度虚拟企业有 9M 应收款已到期，点击更新后现金盘面增加 9M，应收款盘面减少 9M，其他应收款账期前移一个季度（见图 3 – 37）。

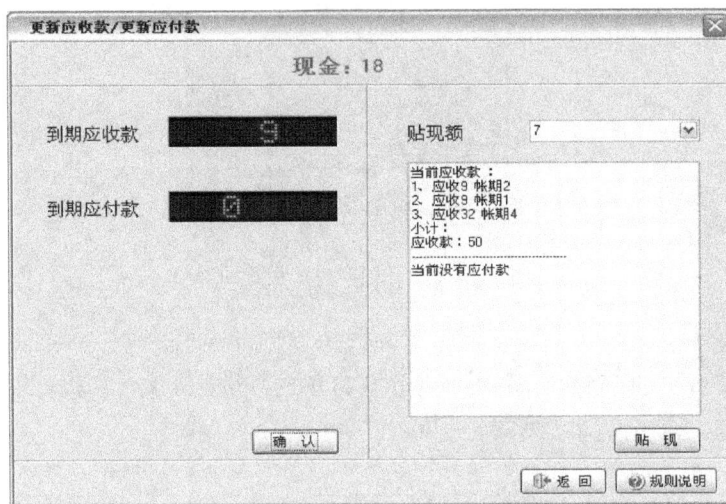

图 3 - 37　更新应收账款盘面

更新应收账款后的盘面见图 3 - 38。

图 3 - 38　更新应收款后盘面

3. 接收原材料并付款

由于上一季度没有下原料订单，因此本季度虚拟企业没有原材料到达。

4. 下原料订单

由于虚拟企业的 P1 原材料还有库存，因此本季度不采购原材料。

5. 产品研发投资

本季度虚拟企业继续对 P3 产品进行研发。

6. 更新生产/产品完工入库

更新生产后，虚拟企业在制品在各条生产线上前移一格，第一条手工生产线生产出一个 P1 产品，该生产线变为空闲状态。

7. 购买/更新/转产生产线

在购买后调整生产线界面中，虚拟企业继续支付 4M 的安装中的全自动生产线的安装费用，然后把空闲的手工线出售，并在 A 厂房继续购买第二条全 P3 产品的自动生产线，花费安装费用 4M。该任务完成后生产线的盘面见图 3 - 39。

8. 开始新的生产

本季度没有空余的生产线，因此不进行生产，直接点击返回。

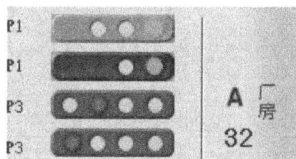

图 3 – 39 购买或调整生产线后盘面

9. 交货给客户

本年度的销售订单已经全部交货，因此不需要再交货，直接点击返回。

10. 支付行政管理费用

虚拟企业每季度需支付行政管理费用 1M。

3.2.5 季度任务（第一年第四季度）

1. 归还短期贷款/支付利息

更新短期贷款，虚拟企业上季度的 20M 短期贷款账期前移一个季度，短期贷款盘面中数字 3 变为红色。虚拟企业本季度不需要短期贷款，直接点击返回。

2. 更新应收账款/归还应付账款

本季度虚拟企业有 9M 应收款已到期，点击更新后现金盘面增加 9M，应收款盘面减少 9M，32M 的应收款账期前移一个季度。

3. 接收原材料并付款

由于虚拟企业上一季度没有下原料订单，因此本季度虚拟企业没有原材料到达。

4. 下原料订单

由于虚拟企业第二年第二季度 P3 生产线将安装完成，而 P3 所需的 R3 原材料订货的提前期是 2 个季度，因此在本季度需要采购 1 个 R3 原材料。

5. 产品研发投资

本季度虚拟企业继续对 P3 产品进行研发。

6. 更新生产与产品完工入库

更新生产后，虚拟企业在制品在各条生产线上前移一格，第一条手工生产线生产出一个 P1 产品，该生产线变为空闲状态。

7. 购买/更新/转产生产线

在购买后调整生产线界面中，虚拟企业继续支付 8M 的安装中的两条全自动生产线的安装费用，该任务完成后生产线的盘面见图 3 – 40。

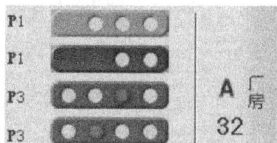

图 3 – 40 更新生产线后盘面

8. 开始新的生产

本季度更新生产线后有两条生产线空余，选择对这两条生产线进行新生产。

9. 交货给客户

本年度的销售订单已经全部交货，因此不需要再交货，直接点击返回。

10. 支付行政管理费用

虚拟企业每季度需支付行政管理费用1M。

3.2.6 年末任务

1. 归还长期贷款

长期贷款是虚拟企业融资的主要途径之一，长期贷款的还款规则是每年付息，到期还本，年利率为10%（四舍五入）。长期贷款的额度为上一年所有者权益的两倍且被20整除的最大整数减去已贷长期贷款。

虚拟企业已有40M的长期贷款，因此首先需要偿还4M的利息（见图3-41）。

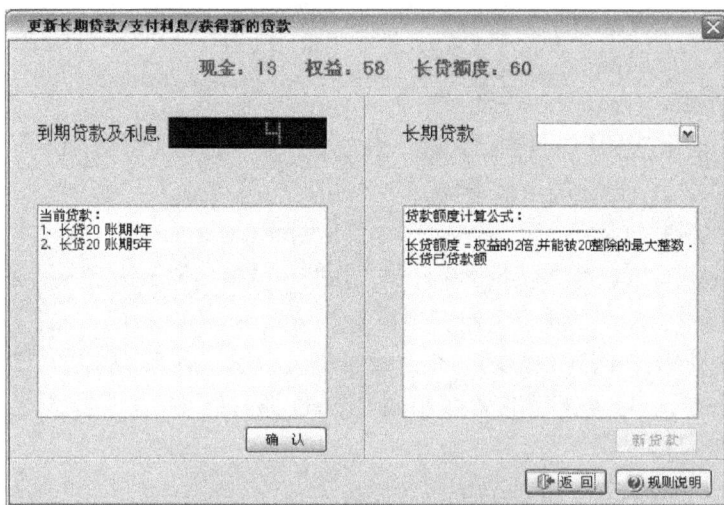

图3-41 支付长期贷款利息盘面

虚拟企业第二年准备扩大投入，根据目前虚拟企业的财务状况，决定新增加60M的长期贷款。在长期贷款下拉框中选择60并点击新贷款，贷款成功后现金盘面增加60M，长期贷款盘面增加长贷60M（见图3-42）。

2. 支付设备维修费

虚拟企业每年需要支付设备维修费，每条生产线每年需要支付设备维修费1M。

3. 购买（或租赁）厂房

沙盘模拟中设置了A、B、C三种厂房，A厂房可安装四条生产线、B厂房可安装三条生产线、C厂房可安装一条生产线。

虚拟企业目前仅使用了A厂房，而A厂房是企业的自有资产，因此不需要额外支付租金（见图3-43）。

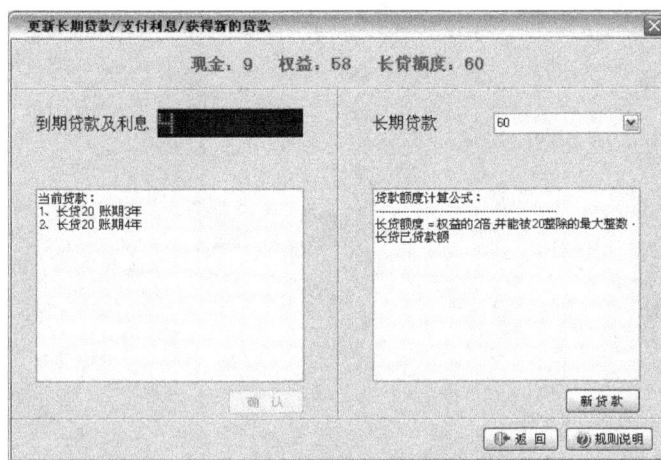

图 3-42 新增长期贷款盘面

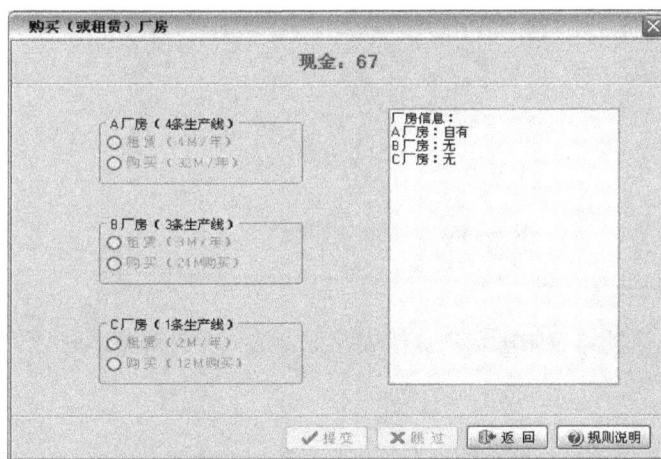

图 3-43 购买或租赁厂房盘面

4. 计提折旧

虚拟企业中生产线安装完成当年不提折旧，折旧方式是单条生产线价值除以3取整（四舍五入），价值不足3M的折旧1M，直到该生产线价值为0。

虚拟企业本年度两条安装中的生产线不计提折旧，一条手工线的价值为2M，本年度提取折旧1M；一条半自动线价值为4M，本年度提取折旧1M。因此虚拟企业本年度共提取折旧2M（见图3-44）。

5. 市场开发与ISO资格认证

虚拟企业对四个市场和两种认证都进行投入，投入后盘面见图3-45。

从盘面上看，区域市场已经开发完毕，明年虚拟企业可以在本地市场和区域市场两个市场销售产品。

图 3 – 44　计提折旧盘面

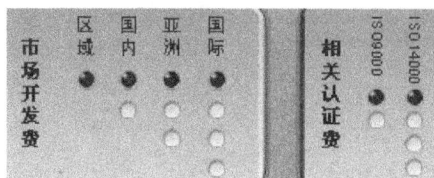

图 3 – 45　开发市场和投入认证后盘面

6. 关账

虚拟企业关账后的将编制出资产负债表和损益表，并计算出本年度该企业的经营得分（见图 3 – 46）。

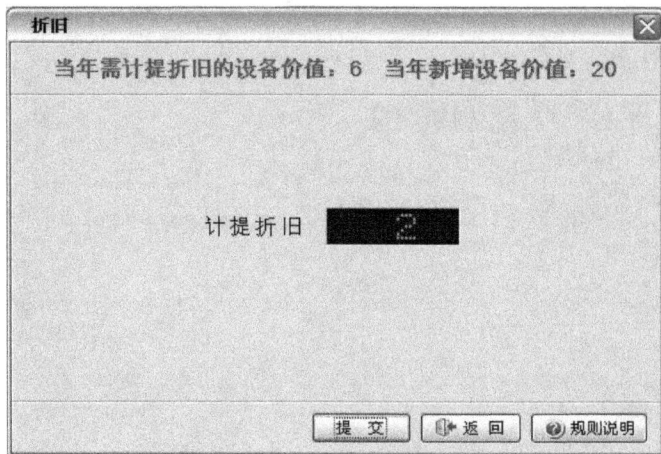

图 3 – 46　虚拟企业经营业绩与经营得分盘面

　　至此，虚拟企业第一年度的经营活动已经全部结束，点击下一季度可以进入第二年度的经营，第二年度的经营和第一年度类似。虚拟企业一共需要经营 8 年，在这 8 年中，虚拟企业需要不断地开发市场，研发新产品，投入生产，扩大销售，使企业进入快速发展的道路。

单元4

企业经营沙盘操作案例

【学习目标】

完成企业经营沙盘基本操作流程与方法的训练，能够熟练操作企业经营沙盘软件，熟知虚拟企业的经营过程，学会制订合理的企业经营计划，并通过团队合作开展虚拟企业经营活动。

【学习内容】

企业经营沙盘软件操作流程与方法、虚拟企业经营过程、虚拟企业经营计划。

本次企业经营沙盘推演采用竞赛方式，假设共有10个虚拟企业同时参加，分别是A～J企业，比赛的经营期为8年。每个虚拟企业由4～6位同学运作，分别担任虚拟企业的CEO、CFO、CSO和COO职位。每家企业都处于经营稳健，财务控制良好的状态。

在企业经营的战略规划会议上，A企业成员经过热烈的讨论和细心的规划，最终决定先研发生产P2产品，第3～第4年研发投产P3产品，第5～第6年研发P4产品，并将P2产品逐步淘汰，转成P4产品。

4.1 A企业第1年经营

4.1.1 年初任务

1. 支付应缴税

A企业第1年缴税为2M，交完税后沙盘盘面现金由20M变为18M。

2. 制订广告方案

经过讨论，A企业决定第1年在P1产品的本地市场投放广告8M，现金变为10M。

3. 参加订单竞单

根据广告投放结果，A企业的广告投放8M，将第三个选单，根据选单情况填写订单登记表（见表4-1）。

表 4-1　订单登记表

订单号	市场	产品	数量	账期	销售额	成本	毛利	未售
B01P102	本地	P1	5	3	24	10	14	
合计					24	10	14	

4. 制订企业本年度的计划

A 企业准备第 2 年第 2 季度生产 P2 产品，因此本年第 1 季度就开始研发 P2 产品，共 4 个季度。第 1、2、3 季度分别变卖一条手工线，第 4 季度变卖半自动线，共投资 4 条全自动 P2 生产线。

由于 A 企业未来准备生产 P2、P3、P4 产品，所以四个市场全部开拓（本地、国内、亚洲、国际市场）。A 企业产品还需要进行 ISO9000 和 ISO14000 认证。

A 企业第 1 年的经营情况见表 4-2。

表 4-2　A 企业经营情况表

任务清单 请按顺序执行下列各项操作	每执行完一项操作，CEO 请在上面打钩。 财务总监（助理）在方格中填写现金收支情况。			
支付应交税	-2			
计划新的一年	√			
制订广告方案	-8			
参加订单竞争	√			
短期贷款/支付利息	√	+20	√	√
更新应收款/归还应付款	√	√	+9	+33
接收并支付已订的货物	-2	√	√	√
下原材料订单	√	√	√	√
产品研发投资	-1	-1	-1	-1
更新生产/产品完工入库	√	√	√	√
购买或调整生产线	+1	+1/-8	+1/-12	+2/-16
开始新的生产	√	-1	√	√
交货给客户	√	√	√	√
支付行政管理费用	-1	-1	-1	-1
长期贷款				-4/+60
支付设备维修费				√
购买（或租赁）厂房				√
折旧				√
市场开拓/ISO 资格认证				-4/-2
关账				√

4.1.2 季度任务

1. 第1年第1季度

（1）归还短期贷款/支付利息

本季度现金预算足够本季度企业经营，因此不需要贷款。

（2）更新应收款/归还应付款

更新应收款应付款，应收款向前移一个季度。

（3）接收原材料并付款

收到企业上季度订的 R1 原材料 2 个，支付现金 2M，现金剩余 8M，原材料 R1 库存变为 6。

（4）下原材料订单

本季度原材料比较充足，因此不需要采购原材料。

（5）产品研发投资

研发 P2，现金扣 1M，剩余 7M。

（6）更新生产/产品完工入库

更新生产，手工线 A－P1－3 完成一个 P1 产品，成品库 P1 库存变为 5。

（7）购买或调整生产线

变卖手工线 A－P1－3，现金增加 1M，共 8M。

（8）开始新的生产

没有空余的生产线，因此没有新生产。

（9）交货给客户

将订单 B01P102 交货，P1 成品库存变为 0，应收款增加 24M，变为 42M。

（10）支付行政管理费用

企业每季度经营需要支付行政管理费用 1M，现金变为 7M。

2. 第1年第2季度

（1）归还短期贷款/支付利息

本季度企业经营现金不足，因此增加短期贷款 20M，现金变为 27M。

（2）更新应收款/归还应付款

更新应收款应付款，应收款向前移一个季度。

（3）接收原材料并付款

由于上一季度没有下原材料订单，因此本季度企业没有原材料到达。

（4）下原材料订单

由于企业的原材料可以满足下季度生产，因此本季度不采购原材料。

（5）产品研发投资

研发 P2，现金扣 1M，剩余 26M。

（6）更新生产/产品完工入库

手工线 A－P1－2 和半自动线 A－P1－4 完成生产，P1 成品库存变为 2 个。

（7）购买或调整生产线

变卖空余的手工线 A－P1－2，现金增加 1M，接着在 A 厂房购买 2 条全自动 P2 生产

单元 4　企业经营沙盘操作案例

线编号为 A－P2－5 和 A－P2－6，现金扣 8M，现金变为 19M。

（8）开始新的生产

P1 的半自动生产线已空余，开始新的生产，扣除工人工资 1M，现金变为 18M。

（9）交货给客户

本年度的销售订单已经全部交货，因此不需要再交货，直接点击返回。

（10）支付行政管理费用

企业每季度经营需要支付行政管理费用 1M，现金变为 17M。

3. 第 1 年第 3 季度

（1）归还短期贷款/支付利息

本季度现金预算足够本季度企业经营，因此不需要贷款。

（2）更新应收款/归还应付款

9M 应收款到期，现金变为 26M。

（3）接收原材料并付款

由于上一季度没有下原材料订单，因此本季度企业没有原材料到达。

（4）下原材料订单

由于企业的原材料可以满足下季度生产，因此本季度不采购原材料。

（5）产品研发投资

研发 P2，现金扣 1M，剩余 25M。

（6）更新生产/产品完工入库

手工线 A－P1－1 完成一个 P1 产品，P1 成品库存变为 3 个。

（7）购买或调整生产线

继续安装 2 条全自动生产线，扣除现金 8M，变卖空余的手工线 A－P1－1，现金增加 1M，然后在 A 厂房继续购买 P2 全自动生产线编号为 A－P2－7，扣除现金 4M，现金变为 14M。

（8）开始新的生产

本季度没有空余的生产线，因此不进行生产。

（9）交货给客户

本年度的销售订单已经全部交货，因此不需要再交货，直接点击返回。

（10）支付行政管理费用

企业每季度经营需要支付行政管理费用 1M，现金变为 13M。

4. 第 1 年第 4 季度

（1）归还短期贷款/支付利息

本季度现金预算足够本季度企业经营，因此不需要贷款。

（2）更新应收款/归还应付款

本季度 33M 应收款到期，现金变为 46M。

（3）接收原材料并付款

由于上一季度没有下原材料订单，因此本季度企业没有原材料到达。

（4）下原材料订单

由于企业的原材料可以满足下季度生产，因此本季度不采购原材料。

（5）产品研发投资

研发 P2，现金扣 1M，剩余 45M。

（6）更新生产/产品完工入库

P1 半自动线 A－P1－4 完成生产，P1 成品库存变为 4 个。

（7）购买或调整生产线

继续安装 3 条全自动生产线，扣除现金 12M，变卖空余的半自动线 A－P1－4，现金增加 2M，然后在 A 厂房继续购买 P2 全自动生产线，扣除现金 4M，最后现金变为 31M。

（8）开始新的生产

本季度没有空余的生产线，因此不进行生产。

（9）交货给客户

本年度的销售订单已经全部交货，因此不需要再交货，直接点击返回。

（10）支付行政管理费用

企业每季度经营需要支付行政管理费用 1M，现金变为 30M。

4.1.3　年末任务

1. 归还长期贷款

企业已有 40M 的长期贷款，因此首先需要偿还 4M 的利息，现金变为 26M。

企业第 1 年已经扩大投入，根据目前模拟企业的财务状况，决定新增加 60M 的长期贷款，现金变为 86M。

2. 支付设备维修费

企业没有正在生产中的生产线，因此设备维修费为 0。

3. 购买（或租赁）厂房

企业目前仅使用了 A 厂房，而 A 厂房是虚拟企业的自有资产，因此不需要额外支付租金。

4. 计提折旧

企业没有正在生产中的生产线，因此折旧为 0。

5. 市场开拓/ISO 资格认证

企业对四个市场和两种认证都进行投入，现金扣除 6M，剩余 80M。

6. 年末关账

企业年终进行盘点，编制资产负债表、损益表和现金收支表等表格（见表 4－3～表 4－8）。

表 4－3　商品核算统计表

	P1	P2	P3	P4	合计
数量	5				5
销售额	24				24
成本	10				10
毛利	14				14

表 4-4　综合管理费用明细表

项　目	金　额	备　注
管理费	4	
广告费	8	
维修费	0	
租　金	0	
变更费	0	
市场准入开拓	4	☑区域　☑国内　☑亚洲　☑国际
ISO 资格认证	2	☑ ISO9000　☑ ISO14000
产品研发	4	P2（√）　P3（　　）　P4（　　）
合　计	22	

表 4-5　固定资产明细表

生产线编号	位置	原值	本期折旧	累计折旧	变动
A-P1-1	A	4	1	1	出售
A-P1-2	A	4	1	1	出售
A-P1-3	A	4	1	1	出售
A-P1-4	A	8	1	1	出售
A-P2-5	A	12			安装中
A-P2-6	A	12			安装中
A-P2-7	A	8			安装中
A-P2-8	A	4			安装中
合　计		36	4	4	

注　A-P1-1、A-P1-2、A-P1-3、A-P1-4 生产线本年度已变卖，因此企业的机器设备总价值为 36。

表 4-6　资产负债表

资产	年初	年末	负债 + 权益	年初	年末
固定资产			负债		
土地和建筑	32	32	长期负债	40	100
机器和设备	10	36	短期负债	0	20
总固定资产	42	68	应付款	0	0
流动资产			应交税		2
现金	20	80	总负债	42	120
应收款	18	0	权益		
在制品	8	0	股东资本	45	45

资产	年初	年末	负债＋权益	年初	年末
成品	8	8	利润留存	9	13
原料	4	5	年度净利	4	−17
总流动资产	58	93	所有者权益	58	41
总资产	100	161	负债＋权益	100	161

表 4 − 7　损益表

	去年	今年
销售收入	36	24
直接成本	−14	−10
毛利	22	14
综合费用	−9	−22
折旧前利润	13	−8
折旧	−5	−4
支付利息前利润	8	−12
财务收入／支出	−2	−4
额外收入／支出	0	−1
税前利润	6	−17
所得税	−2	0
净利润	4	−17

表 4 − 8　现金收支表

下表供财务人员记录每期的现金收入和支出情况，便于进行现金流量的管理与统计。

	1	2	3	4
支付上年应交所得税	−2			
广告投入	−8			
贴现费用				
（利息）短期贷款		+20		
原料采购支付现金	−2			
成品采购支付现金				
变更费用				
生产线投资		−8	−12	−16
变卖生产线（＋）	+1	+1	+1	+2

续表

	1	2	3	4
工人工资		−1		
产品研发	−1	−1	−1	−1
应收款到期（＋）			+9	+33
管理费用	−1	−1	−1	−1
变卖原料（＋）				
长期贷款及利息				−4/ +60
设备维护费				
租金				
购买新建筑				
市场开拓投资				−4
ISO 认证投资				−2
其他				
收入总计	+1	+21	+10	+95
支出总计	−14	−11	−14	−28
现 金 流 量	−13	+10	−4	+67

4.2　A 企业第 2 年经营

4.2.1　年初任务

1. 支付应缴税

企业第 2 年缴税为 0，交完税后沙盘盘面现金为 80M。

2. 制订广告方案

经过讨论，企业决定第 2 年投放广告（见表 4−9）。

表 4−9　企业第 2 年投放广告情况表

产品	本地市场	区域市场	国内市场	亚洲市场	国际市场
P1	1M				
P2	1M	3M			
P3					
P4					

共计投放广告 5M，现金变为 75M。

3. 参加订单竞单

根据广告投放结果开始竞单，根据选单情况填写订单登记表（见表 4-10）。

表 4-10 订单登记表

订单号	市场	产品	数量	账期	销售额	成本	毛利	未售
B02P111	本地	P1	2	3	10	4	6	
B02P201	本地	P2	2	4	13	6	7	
B02P202	本地	P2	2	3	11	6	5	
Q02P207	区域	P2	1	4	8	3	5	
合 计					42	19	23	

4. 制订企业本年度的计划

企业准备在第 2 年第 2 季度生产 P2 产品，因此第 1 季度继续研发 P2 产品，第 2 季度可研发完成进行 P2 的生产。

第 2 季度两条全自动生产线安装完成可生产 P2 产品，第 3、4 季度分别安装完成 1 条全自动 P2 生产线。

由于企业未来准备生产 P2、P3、P4 产品，所以继续开拓国内、亚洲、国际市场。

企业进行 ISO9000 和 ISO14000 认证。

企业本年度的经营情况见表 4-11。

表 4-11 企业经营情况表

任务清单 请按顺序执行下列各项操作。	每执行完一项操作，CEO 请在上面打钩。 财务总监（助理）在方格中填写现金收支情况。			
支付应交税	0			
计划新的一年	√			
制订广告方案	-5			
参加订单竞争	√			
短期贷款/支付利息	√	-21	√	+20
更新应收款/归还应付款	√	√	√	+10
接收并支付已订的货物	√	-2	-3	-8
下原材料订单	√	√	√	√
产品研发投资	-1	-1	√	√
更新生产/产品完工入库	√	√	√	√
购买或调整生产线	-16	-8	-4	√
开始新的生产	√	-2	-3	-4

续表

任务清单 请按顺序执行下列各项操作。	每执行完一项操作，CEO 请在上面打钩。 财务总监（助理）在方格中填写现金收支情况。			
交货给客户	√	√	√	√
支付行政管理费用	−1	−1	−1	−1
长期贷款				−10
支付设备维修费				−4
购买（或租赁）厂房				√
折旧				√
市场开拓/ISO 资格认证				−3/−2
关账				√

4.2.2　季度任务

1. 第 2 年第 1 季度

（1）归还短期贷款/支付利息

本季度现金预算足够本季度企业经营，因此不需要贷款。

（2）更新应收款/归还应付款

更新应收款应付款，应收款向前移一个季度。

（3）接收原材料并付款

由于上一季度没有下原材料订单，因此本季度企业没有原材料到达。

（4）下原材料订单

第 2 季度有两条全自动线需要生产，R1 原材料还有库存，因此采购 R2 原材料 2 个。

（5）产品研发投资

研发 P2，现金扣 1M，剩余 74M。

（6）更新生产/产品完工入库

本季度没有生产线生产。

（7）购买或调整生产线

继续安装 4 条全自动生产线，现金扣 16M，剩余 58M。

（8）开始新的生产

没有空余的生产线，因此没有新生产。

（9）交货给客户

将订单 B02P111 交货，应收款增加 10M。

（10）支付行政管理费用

企业每季度经营需要支付行政管理费用 1M，现金变为 57M。

2. 第 2 年第 2 季度

（1）归还短期贷款/支付利息

偿还短期贷款及利息共21M，现金变为36M。

（2）更新应收款/归还应付款

更新应收款应付款，应收款向前移一个季度。

（3）接收原材料并付款

收到2个R2原材料，现金扣2M，剩余34M。

（4）下原材料订单

下一季度有3条P2生产线需要生产，R1还有原材料剩余，因此采购3个R2。

（5）产品研发投资

研发P2，现金扣1M，剩余33M。

（6）更新生产/产品完工入库

本季度没有生产线在生产，因此没有产品生产完成。

（7）购买或调整生产线

继续安装2条全自动P2生产线，现金扣8M，剩余25M。

（8）开始新的生产

两条全自动开始新生产，扣除工人工资2M，现金剩余23M。

（9）交货给客户

本年度的销售订单暂时无法交货。

（10）支付行政管理费用

企业每季度经营需要支付行政管理费用1M，现金变为22M。

3．第2年第3季度

（1）归还短期贷款/支付利息

本季度现金预算足够本季度企业经营，因此不需要贷款。

（2）更新应收款/归还应付款

更新应收款应付款，应收款向前移一个季度。

（3）接收原材料并付款

收到3个R2原材料，支付现金3M，现金剩余19M。

（4）下原材料订单

下一季度有4条P2生产线需要生产，因此订4个R1、4个R2。

（5）产品研发投资

P2已经研发完成，因此暂时不对新产品进行研发。

（6）更新生产/产品完工入库

2个全自动P2生产线完成2个P2产品。

（7）购买或调整生产线

继续安装1条全自动生产线，扣除现金4M，现金剩余15M。

（8）开始新的生产

3条全自动生产线开始新的生产，扣除工人工资3M，现金剩余12M。

（9）交货给客户

将订单B02P202交货，应收款变为21M。

（10）支付行政管理费用

企业每季度经营需要支付行政管理费用 1M，现金变为 11M。

4. 第 2 年第 4 季度

（1）归还短期贷款/支付利息

本季度现金已不够该季度企业经营，因此增加贷款 20M，现金变为 31M。

（2）更新应收款/归还应付款

本季度 10M 应收款到期，现金变为 41M。

（3）接收原材料并付款

收到 4 个 R1、4 个 R2 原材料，现金扣 8M，现金剩余 33M。

（4）下原材料订单

为了维持企业以后的连续生产，订购 4 个 R1、4 个 R2 原材料。

（5）产品研发投资

P2 已经研发完成，因此暂时不研发新产品。

（6）更新生产/产品完工入库

3 条 P2 全自动生产线生产出 3 个 P2 产品。

（7）购买或调整生产线

本季度不对生产线进行调整。

（8）开始新的生产

对 4 条全自动 P2 生产线进行生产，扣除工人工资 4M，现金剩余 29M。

（9）交货给客户

将订单 Q02P207、B02P201 交货，应收款变为 32M。

（10）支付行政管理费用

企业每季度经营需要支付行政管理费用 1M，现金变为 28M。

4.2.3　年末任务

1. 归还长期贷款

企业已有 100M 的长期贷款，因此首先需要偿还 10M 的利息，现金变为 18M。

2. 支付设备维修费

企业有正在生产中的生产线共 4 条，因此设备维修费为 4M，现金剩余 14M。

3. 购买（或租赁）厂房

企业目前仅使用了 A 厂房，而 A 厂房是虚拟企业的自有资产，因此不需要额外支付租金。

4. 计提折旧

企业本年度正在使用的生产线均为本年度建成，建成当年不计提折旧，因此折旧为 0。

5. 市场开拓/ISO 资格认证

企业对国内、亚洲、国际市场和两种认证都进行投入，现金扣除 5M，剩余 9M。

6. 年末关账

企业年终进行盘点，编制资产负债表、损益表和现金收支表等表格（见表 4 - 12 ~ 表

4 – 17）。

表 4 – 12 商品核算统计表

	P1	P2	P3	P4	合 计
数量	2	5			7
销售额	10	32			42
成本	4	15			19
毛利	6	17			23

表 4 – 13 综合管理费用明细表

项 目	金 额	备 注
管理费	4	
广告费	5	
维修费	4	
租 金	0	
变更费	0	
市场准入开拓	3	□区域 ☑国内 ☑亚洲 ☑国际
ISO 资格认证	2	☑ ISO9000 ☑ ISO14000
产品研发	2	P2 （ ✓ ） P3 （ ） P4 （ ）
合 计	20	

表 4 – 14 固定资产明细表

生产线编号	位置	原值	本期折旧	累计折旧	变动
A – P2 – 5	A	16	0	0	新增
A – P2 – 6	A	16	0	0	新增
A – P2 – 7	A	16	0	0	新增
A – P2 – 8	A	16	0	0	新增
合 计		64	0	0	

表 4 – 15　资产负债表

资产	年初	年末	负债 + 权益	年初	年末
固定资产			负债		
土地和建筑	32	32	长期负债	100	100
机器和设备	36	64	短期负债	20	20
总固定资产	68	96	应付款	0	
流动资产			应交税		
现金	80	9	总负债	120	120
应收款	0	32	权益		
在制品	0	12	股东资本	45	45
成品	8	4	利润留存	13	–4
原料	5	0	年度净利	–17	–8
总流动资产	93	57	所有者权益	41	33
总资产	161	153	负债 + 权益	161	153

表 4 – 16　损益表

	去年	今年
销售收入	24	42
直接成本	–10	–19
毛利	14	23
综合费用	–22	–20
折旧前利润	–8	3
折旧	–4	0
支付利息前利润	–12	3
财务收入/支出	–4	–11
额外收入/支出	–1	0
税前利润	–17	–8
所得税	0	0
净利润	–17	–8

表 4 – 17　现金收支表

下表供财务人员记录每期的现金收入和支出情况，便于进行现金流量的管理与统计。

	1	2	3	4
支付上年应交所得税				
广告投入	– 5			
贴现费用				
（利息）短期贷款		– 21		+ 20
原料采购支付现金		– 2	– 3	– 8
成品采购支付现金				
变更费用				
生产线投资	– 16	– 8	– 4	
变卖生产线（＋）				
工人工资		– 2	– 3	– 4
产品研发	– 1	– 1		
应收款到期（＋）				+ 10
管理费用	– 1	– 1	– 1	– 1
变卖原料（＋）				
长期贷款及利息				– 10
设备维护费				– 4
租金				
购买新建筑				
市场开拓投资				– 3
ISO 认证投资				– 2
其他				
收入总计	0	0	0	+ 30
支出总计	– 23	– 35	– 11	– 32
现 金 流 量	– 23	– 35	– 11	– 2

4.3　A 企业第 3 年经营

4.3.1　年初任务

1. 支付应缴税

企业第 3 年缴税为 0，交完税后沙盘盘面现金为 9M。

2. 制订广告方案

经过讨论，企业决定第 3 年投放广告（见表 4-18）。

表 4-18 投放广告情况表

产品	本地市场	区域市场	国内市场	亚洲市场	国际市场
P1					
P2	1M	2M	1M		
P3					
P4					

共计投放广告 4M，现金变为 5M。

3. 参加订单竞单

根据广告投放结果开始竞单，根据选单情况填写订单登记表（见表 4-19）。

表 4-19 订单登记表

订单号	市场	产品	数量	账期	销售额	成本	毛利	未售
B03P201	本地	P2	1	0	9	3	6	
B03P204	本地	P2	4	1	31	12	19	
Q03P205（加急）	区域	P2	2	3	16	6	10	
Q03P208	区域	P2	3	4	25	9	16	
B03P201	国内	P2	3	4	24	9	15	
B03P204	国内	P2	2	3	18	6	12	
合计					123	45	78	

4. 制订企业本年度的计划

企业准备在第 5 年第 1 季度生产 P3 产品，因此本年度研发 1 期 P3 产品，第 4 年研发 4 期 P3 产品，第 5 年研发 1 期 P3 产品即可生产 P3。本年度继续生产 P2 产品。

由于企业未来准备生产 P2、P3、P4 产品，所以继续开拓亚洲、国际市场。

企业进行 ISO14000 认证。

企业本年度的经营情况见表 4-20。

表 4-20 企业经营情况表

任务清单 请按顺序执行下列各项操作。	每执行完一项操作，CEO 请在上面打钩。 财务总监（助理）在方格中填写现金收支情况。		
支付应交税	0		
计划新的一年	√		
制订广告方案	-4		

任务清单 请按顺序执行下列各项操作。	每执行完一项操作，CEO请在上面打钩。 财务总监（助理）在方格中填写现金收支情况。			
参加订单竞争	√			
短期贷款/支付利息	+20	√	+20	−21
更新应收款/归还应付款	√	+20	√	+86
接收并支付已订的货物	−8	−8	−8	−8
下原材料订单	√	√	√	√
产品研发投资	√	√	√	−2
更新生产/产品完工入库	√	√	√	√
购买或调整生产线	√	√	√	√
开始新的生产	−4	−4	−4	−4
交货给客户	√	√	√	√
支付行政管理费用	−1	−1	−1	−1
长期贷款				−10
支付设备维修费				−4
购买（或租赁）厂房				√
折旧				√
市场开拓/ISO资格认证				−2/ −1
关账				√

4.3.2 季度任务

1. 第3年第1季度

（1）归还短期贷款/支付利息

本季度现金以经不够本季度企业正常经营，因此增加短期贷款20M，现金变为25M。

（2）更新应收款/归还应付款

更新应收款应付款，应收款向前移一个季度。

（3）接收原材料并付款

收到4个R1、4个R2原材料，支付现金8M，现金剩余17M。

（4）下原材料订单

下一季度有4条全自动线需要生产，因此采购4个R1、4个R2原材料。

（5）产品研发投资

P2已经研发完成，因此暂时不研发新产品。

（6）更新生产/产品完工入库

4个全自动P2生产线完成4个P2产品。

（7）购买或调整生产线

本季度不对生产线进行调整。

（8）开始新的生产

4 条全自动生产线开始新的生产，扣除工人工资 4M，现金剩余 13M。

（9）交货给客户

将订单 B03P204、Q03P205 交货，应收款变为 66M。

（10）支付行政管理费用

企业每季度经营需要支付行政管理费用 1M，现金变为 12M。

2. 第 3 年第 2 季度

（1）归还短期贷款/支付利息

本季度现金预算足够本季度企业经营，因此不需要贷款。

（2）更新应收款/归还应付款

本季度 11M 应收款到期，现金变为 23M。

（3）接收原材料并付款

收到 4 个 R1、4 个 R2 原材料，现金扣 8M，剩余 15M。

（4）下原材料订单

下一季度有 4 条 P2 生产线需要生产，因此订 4 个 R1、4 个 R2 原材料。

（5）产品研发投资

P2 已经研发完成，因此暂时不研发新产品。

（6）更新生产/产品完工入库

4 个全自动 P2 生产线完成 4 个 P2 产品。

（7）购买或调整生产线

本季度不对生产线进行调整。

（8）开始新的生产

4 条全自动生产线开始新的生产，扣除工人工资 4M，现金剩余 11M。

（9）交货给客户

将订单 B03P201、Q03P208 交货，现金增加 9M，变为 20M，应收款变为 80M。

（10）支付行政管理费用

企业每季度经营需要支付行政管理费用 1M，现金变为 19M。

3. 第 3 年第 3 季度

（1）归还短期贷款/支付利息

下季度需要偿还 21M 的贷款，因此本季度增加 20M 贷款，现金变为 39M。

（2）更新应收款/归还应付款

更新应收款应付款，应收款向前移一个季度。

（3）接收原材料并付款

收到 4 个 R1、4 个 R2 原材料，支付现金 8M，现金剩余 31M。

（4）下原材料订单

下一季度有 4 条 P2 生产线需要生产，因此订 4 个 R1、4 个 R2。

（5）产品研发投资

P2 已经研发完成，因此暂时不研发新产品。

（6）更新生产/产品完工入库

4 个全自动 P2 生产线完成 4 个 P2 产品。

（7）购买或调整生产线

本季度不对生产线做调整。

（8）开始新的生产

4 条全自动生产线开始新的生产，扣除工人工资 4M，现金剩余 27M。

（9）交货给客户

将订单 B03P204 交货，应收款变为 111M。

（10）支付行政管理费用

企业每季度经营需要支付行政管理费用 1M，现金变为 26M。

4. 第 3 年第 4 季度

（1）归还短期贷款/支付利息

偿还到期短贷及利息 21M，现金剩余 5M。

（2）更新应收款/归还应付款

本季度 86M 应收款到期，现金变为 91M。

（3）接收原材料并付款

收到 4 个 R1、4 个 R2 原材料，现金扣 8M，现金剩余 83M。

（4）下原材料订单

为了维持企业以后的连续生产，订购 4 个 R1、4 个 R2 原材料。

（5）产品研发投资

第 5 年准备生产 P3 产品，因此本年先研发一季度的 P3 产品，现金扣 2M，剩余 81M。

（6）更新生产/产品完工入库

4 条 P2 全自动生产线生产出 4 个 P2 产品。

（7）购买或调整生产线

本季度不对生产线进行调整。

（8）开始新的生产

对 4 条全自动 P2 生产线进行生产，扣除工人工资 4M，现金剩余 77M。

（9）交货给客户

将订单 B03P201 交货，应收款变为 49M。

（10）支付行政管理费用

企业每季度经营需要支付行政管理费用 1M，现金变为 76M。

4.3.3 年末任务

1. 归还长期贷款

企业已有 100M 的长期贷款，因此首先需要偿还 10M 的利息，现金变为 66M。

2. 支付设备维修费

企业有正在生产中的生产线共 4 条，因此设备维修费为 4M，现金剩余 62M。

3. 购买（或租赁）厂房

企业目前仅使用了 A 厂房，而 A 厂房是虚拟企业的自有资产，因此不需要额外支付租金。

4. 计提折旧

对生产线计提折旧，4 条生产线都是第二年安装完毕，每条生产线折旧为 5M，共 20M。

5. 市场开拓/ISO 资格认证

企业对亚洲、国际市场和 ISO14000 都进行投入，现金扣除 3M，剩余 59M。

6. 年末关账

企业年终进行盘点，编制损益表和资产负债表等表格（见表 4 - 21 ~ 表 4 - 26）。

表 4 - 21　商品核算统计表

	P1	P2	P3	P4	合计
数量		15			15
销售额		123			123
成本		45			45
毛利		78			78

表 4 - 22　综合管理费用明细表

项　目	金　额	备　注
管理费	4	
广告费	4	
维修费	4	
租　金	0	
变更费	0	
市场准入开拓	2	□区域　　□国内　　☑亚洲　　☑国际
ISO 资格认证	1	☑ ISO9000　　☑ ISO14000
产品研发	2	P2（　　）　P3（　✓　）　P4（　　）
合　计	17	

表 4 - 23　固定资产明细表

生产线编号	位置	原值	本期折旧	累计折旧	变动
A - P2 - 5	A	16	5	5	
A - P2 - 6	A	16	5	5	

续表

生产线编号	位置	原值	本期折旧	累计折旧	变动
A－P2－7	A	16	5	5	
A－P2－8	A	16	5	5	
合　计		64	20	20	

表 4－24　资产负债表

资产	年初	年末	负债＋权益	年初	年末
固定资产			负债		
土地和建筑	32	32	长期负债	100	100
机器和设备	64	44	短期负债	20	40
总固定资产	96	76	应付款		
流动资产			应交税		1
现金	9	59	总负债	120	141
应收款	32	49	权益		
在制品	12	12	股东资本	45	45
成品	4	7	利润留存	－4	－12
原料	0	0	年度净利	－8	29
总流动资产	57	127	所有者权益	33	62
总资产	153	203	负债＋权益	153	203

表 4－25　损益表

	去年	今年
销售收入	42	123
直接成本	－19	－45
毛利	23	78
综合费用	－20	－17
折旧前利润	3	61
折旧	0	－20
支付利息前利润	3	41

续表

	去年	今年
财务收入/支出	−11	−11
额外收入/支出	0	0
税前利润	−8	30
所得税	0	−1
净利润	−8	29

表 4 − 26　现金收支表

下表供财务人员记录每期的现金收入和支出情况，便于进行现金流量的管理与统计。

	1	2	3	4
支付上年应交所得税				
广告投入	−4			
贴现费用				
（利息）短期贷款	+20		+20	−21
原料采购支付现金	−8	−8	−8	−8
成品采购支付现金				
变更费用				
生产线投资				
变卖生产线（+）				
工人工资	−4	−4	−4	−4
产品研发				−2
应收款到期（+）		+20		+86
管理费用	−1	−1	−1	−1
变卖原料（+）				
长期贷款及利息				−10
设备维护费				−4
租金				
购买新建筑				
市场开拓投资				−2
ISO 认证投资				−1
其他				
收入总计	+20	+20	+20	+86
支出总计	−17	−13	−13	−53
现 金 流 量	+3	+7	+7	+33

4.4 A 企业第 4 年经营

4.4.1 年初任务

1. 支付应缴税

企业第 4 年缴税为 1M，交完税后沙盘盘面现金为 58M。

2. 制订广告方案

经过讨论，企业决定第 4 年投放广告（见表 4 – 27）。

表 4 – 27 投放广告情况表

产品	本地市场	区域市场	国内市场	亚洲市场	国际市场
P1					
P2	2M	1M	1M	1M	
P3					
P4					

共计投放广告 5M，现金变为 53M。

3. 参加订单竞单

根据广告投放结果开始竞单，根据选单情况填写订单登记表（见表 4 – 28）。

表 4 – 28 订单登记表

订单号	市场	产品	数量	账期	销售额	成本	毛利	未售
B04P201	本地	P2	4	3	34	12	22	
B04P206	本地	P2	3	2	27	9	18	
Q04P203	区域	P2	2	4	15	6	9	
Q04P206	区域	P2	3	2	22	9	13	
B04P203	国内	P2	3	3	24	9	15	
B04P208	国内	P2	2	4	17	6	11	
合计					139	51	88	

4. 制订企业本年度的计划

企业准备在第 5 年第 1 季度生产 P3 产品，因此本年度研发 4 期 P3 产品，第 5 年研发 1 期 P3 产品即可生产 P3。

本年度继续生产 P2 产品，开始生产 P3 产品。

由于企业未来准备生产 P2、P3、P4 产品，所以继续开拓国际市场。

企业进行 ISO14000 认证。

企业本年度的经营情况见表 4 – 29。

表 4 – 29　企业经营情况表

任务清单 请按顺序执行下列各项操作。	每执行完一项操作，CEO 请在上面打钩。 财务总监（助理）在方格中填写现金收支情况。			
支付应交税	– 1			
计划新的一年	√			
制订广告方案	– 5			
参加订单竞争	√			
短期贷款/支付利息	– 21	+ 40	– 21	+ 80
更新应收款/归还应付款	√	+ 25	+ 25	+ 24
接收并支付已订的货物	– 8	– 8	– 8	– 8
下原材料订单	√	√	√	√
产品研发投资	– 2	– 2	– 2	– 2
更新生产/产品完工入库	√	√	√	√
购买或调整生产线	– 16	– 16	– 16	– 16
开始新的生产	– 4	– 4	– 4	– 4
交货给客户	√	√	√	√
支付行政管理费用	– 1	– 1	– 1	– 1
长期贷款				– 30
支付设备维修费				– 4
购买（或租赁）厂房				– 24/ – 2
折旧				√
市场开拓/ISO 资格认证				– 1/ – 1
关账				√

4.4.2　季度任务

1. 第 4 年第 1 季度

（1）归还短期贷款/支付利息

偿还到期短贷及利息 21M，现金剩余 32M。

（2）更新应收款/归还应付款

更新应收款应付款，应收款向前移一个季度。

（3）接收原材料并付款

收到 4 个 R1、4 个 R2 原材料，支付现金 8M，现金剩余 24M。

（4）下原材料订单

下一季度有 4 条全自动线需要生产，因此采购 4 个 R1、4 个 R2 原材料。

（5）产品研发投资

继续研发 P3 产品，现金扣除 2M，剩余 22M。

（6）更新生产/产品完工入库

4 个全自动 P2 生产线完成 4 个 P2 产品。

（7）购买或调整生产线

为了能在第 5 年第 1 季度按时生产 P3 产品，在 B 厂房安装 3 条 P3 全自动生产线、在 C 厂房安装 1 条 P3 全自动生产线，共扣除现金 16M，剩余 6M。

（8）开始新的生产

4 条 P2 全自动生产线开始新的生产，扣除工人工资 4M，现金剩余 2M。

（9）交货给客户

将订单 B04P206、B04P208 交货，应收款增加 44M。

（10）支付行政管理费用

企业每季度经营需要支付行政管理费用 1M，现金变为 1M。

2. 第 4 年第 2 季度

（1）归还短期贷款/支付利息

为了继续安装生产线及其偿还下季度到期的短期贷款，因此需要增加短贷 40M，现金变为 41M。

（2）更新应收款/归还应付款

本季度 25M 应收款到期，现金变为 66M。

（3）接收原材料并付款

收到 4 个 R1、4 个 R2 原材料，现金扣 8M，剩余 58M。

（4）下原材料订单

下一季度有 4 条 P2 生产线需要生产，因此订 4 个 R1、4 个 R2 原材料。

（5）产品研发投资

继续研发 P3 产品，现金扣除 2M，剩余 56M。

（6）更新生产/产品完工入库

4 个全自动 P2 生产线完成 4 个 P2 产品。

（7）购买或调整生产线

继续安装 4 条 P3 全自动生产线，扣除现金 16M，剩余 40M。

（8）开始新的生产

4 条全自动生产线开始新的生产，扣除工人工资 4M，现金剩余 36M。

（9）交货给客户

将订单 B04P201 交货，应收款增加 34M。

（10）支付行政管理费用

企业每季度经营需要支付行政管理费用 1M，现金变为 35M。

3. 第 4 年第 3 季度

（1）归还短期贷款/支付利息

本季度需要偿还短期贷款及利息共 21M，现金变为 14M。

（2）更新应收款/归还应付款

本季度有 27M 应收账款到期，现金增加到 41M。

（3）接收原材料并付款

收到 4 个 R1、4 个 R2 原材料，支付现金 8M，现金剩余 33M。

（4）下原材料订单

下一季度有 4 条 P2 生产线需要生产，因此订 4 个 R1、4 个 R2。另外第 5 年第 1 季度有 4 条 P3 的全自动生产线开始生产，R3 原材料的提前期是 2 个季度，所以本季度还需订 4 个 R3 原材料。

（5）产品研发投资

继续研发 P3 产品，现金扣除 2M，剩余 31M。

（6）更新生产/产品完工入库

4 个全自动 P2 生产线完成 4 个 P2 产品。

（7）购买或调整生产线

继续安装 4 条 P3 全自动生产线，扣除现金 16M，剩余 15M。

（8）开始新的生产

4 条全自动生产线开始新的生产，扣除工人工资 4M，现金剩余 11M。

（9）交货给客户

将 Q04P206 订单交货，应收款增加 22M。

（10）支付行政管理费用

企业每季度经营需要支付行政管理费用 1M，现金变为 10M。

4. 第 4 年第 4 季度

（1）归还短期贷款/支付利息

企业本季度需要继续安装 4 条全自动生产线，在年末的时候准备购买 B 厂房，因此企业决定增加 80M 的短期贷款，现金变为 90M。

（2）更新应收款/归还应付款

本季度 24M 应收款到期，现金变为 114M。

（3）接收原材料并付款

收到 4 个 R1、4 个 R2 原材料，现金扣除 8M，现金剩余 106M。

（4）下原材料订单

企业下季度将有 4 条 P2、4 条 P3 的全自动生产线，为了维持企业以后的连续生产，订购 4 个 R1、12 个 R2、4 个 R3 原材料。

（5）产品研发投资

继续研发 P3 产品，现金扣除 2M，剩余 104M。

（6）更新生产/产品完工入库

4 条 P2 全自动生产线生产出 4 个 P2 产品。

（7）购买或调整生产线

继续安装 4 条 P3 全自动生产线，扣除现金 16M，剩余 88M。

（8）开始新的生产

对 4 条全自动 P2 生产线进行生产，扣除工人工资 4M，现金剩余 84M。

（9）交货给客户

将订单 Q04P203、B04P203 交货，应收款增加 39M。

（10）支付行政管理费用

企业每季度经营需要支付行政管理费用 1M，现金变为 83M。

4.4.3　年末任务

1. 归还长期贷款

企业已有 100M 的长期贷款，因此需要偿还 10M 的利息，另外本年度 20M 的长期贷款到期，因此共需偿还本息 30M，现金变为 53M。

2. 支付设备维修费

企业有正在生产中的生产线共 4 条，因此设备维修费为 4M，现金剩余 49M。

3. 购买（或租赁）厂房

企业目前使用了 A 厂房，而 A 厂房是虚拟企业的自有资产，因此不需要额外支付租金，另外企业现已经使用 B、C 厂房，企业决定本年度购买 B 厂房，花费现金 24M，租赁 C 厂房，花费租金 2M，因此一共扣除现金 26M，剩余 23M。

4. 计提折旧

对生产线计提折旧，4 条生产线都是第 2 年度安装完毕，本年度每条生产线折旧为 4M，共 16M。

5. 市场开拓/ISO 资格认证

企业对国际市场和 ISO14000 都进行投入，现金扣除 2M，剩余 21M。

6. 年末关账

企业年终进行盘点，编制损益表和资产负债表等表格（见表 4 – 30 ~ 表 4 – 35）。

表 4 – 30　商品核算统计表

	P1	P2	P3	P4	合计
数量		17			17
销售额		139			139
成本		51			51
毛利		88			88

表 4 – 31   综合管理费用明细表

项　目	金　额	备　注
管理费	4	
广告费	5	
维修费	4	
租　金	2	
变更费	0	
市场准入开拓	1	□区域　□国内　□亚洲　☑国际
ISO 资格认证	1	□ISO9000　☑ISO14000
产品研发	8	P2（　　）　P3（ √ ）　P4（　　）
合　计	25	

表 4 – 32   固定资产明细表

生产线编号	位置	原值	本期折旧	累计折旧	变动
A – P2 – 5	A	16	4	9	
A – P2 – 6	A	16	4	9	
A – P2 – 7	A	16	4	9	
A – P2 – 8	A	16	4	9	
合　计		64	16	36	

表 4 – 33   资产负债表

资产	年初	年末	负债 + 权益	年初	年末
固定资产			负债		
土地和建筑	32	56	长期负债	100	80
机器和设备	44	92	短期负债	40	120
总固定资产	76	148	应付款		0
流动资产			应交税	1	9
现金	59	21	总负债	141	209
应收款	49	112	权益		
在制品	12	12	股东资本	45	45

续表

资产	年初	年末	负债＋权益	年初	年末
成品	7	4	利润留存	−12	17
原料	0	0	年度净利	29	26
总流动资产	127	149	所有者权益	62	88
总资产	203	297	负债＋权益	203	297

表4－34 损益表

	去年	今年
销售收入	123	139
直接成本	−45	−51
毛利	78	88
综合费用	−17	−25
折旧前利润	61	63
折旧	−20	−16
支付利息前利润	41	47
财务收入／支出	−11	−12
额外收入／支出	0	0
税前利润	30	35
所得税	−1	−9
净利润	29	26

表4－35 现金收支表

下表供财务人员记录每期的现金收入和支出情况，便于进行现金流量的管理与统计。

	1	2	3	4
支付上年应交所得税	−1			
广告投入	−5			
贴现费用				
（利息）短期贷款	−21	+40	−21	+80
原料采购支付现金	−8	−8	−8	−8
成品采购支付现金				
变更费用				
生产线投资	−16	−16	−16	−16
变卖生产线（＋）				

续表

	1	2	3	4
工人工资	−4	−4	−4	−4
产品研发	−2	−2	−2	−2
应收款到期（＋）		＋25	＋27	＋24
管理费用	−1	−1	−1	−1
变卖原料（＋）				
长期贷款及利息				−30
设备维护费				−4
租金				−2
购买新建筑				−24
市场开拓投资				−1
ISO 认证投资				−1
其他				
收入总计	0	＋65	＋27	＋104
支出总计	−58	−31	−52	−93
现金流量	−58	＋34	−25	＋11

4.5　A 企业第 5 年经营

4.5.1　年初任务

1. 支付应缴税

企业第 5 年缴税为 9M，交完税后沙盘盘面现金为 12M。

2. 制订广告方案

经过讨论，企业决定第 5 年投放广告（见表 4−36）。

表 4−36　投放广告情况表

产品	本地市场	区域市场	国内市场	亚洲市场	国际市场
P1					1M
P2	1M	1M	1M		
P3	1M	1M	1M	1M	
P4					

共计投放广告8M，现金变为4M。

3. 参加订单竞单

根据广告投放结果开始竞单，根据选单情况填写订单登记表（见表4-37）。

表4-37 订单登记表

订单号	市场	产品	数量	账期	销售额	成本	毛利	未售
I05P101	国际	P1	2	2	13	4	9	
B05P206	本地	P2	2	4	18	6	12	
B05P207	本地	P2	2	2	17	6	11	
B05P209（加急）	本地	P2	2	1	18	6	12	
Q05P201	区域	P2	2	2	15	6	9	
Q05P204	区域	P2	2	1	12	6	6	
B05P201	国内	P2	1	4	8	3	5	
B05P203	国内	P2	2	3	15	6	9	
B05P205	国内	P2	3	1	21	9	12	
B05P304	本地	P3	2	2	16	8	8	
Q05P303	区域	P3	1	3	10	4	6	
Q05P306	区域	P3	1	1	8	4	4	
B05P301	国内	P3	2	4	17	8	9	
B05P306	国内	P3	2	3	15	8	7	
A05P304	亚洲	P3	3	2	26	12	14	
合计					229	96	133	

4. 制订企业本年度的计划

企业准备在第2季度生产P3产品，因此本年度第1季度需要研发P3产品，下一年度企业准备生产P4产品，因此本年度开始研发P4。

本年度继续生产P2、P3产品。企业本年度的经营情况见表4-38。

表4-38 企业经营情况表

任务清单 请按顺序执行下列各项操作。	每执行完一项操作，CEO请在上面打钩。 财务总监（助理）在方格中填写现金收支情况。		
支付应交税	-9		
计划新的一年	√		
制订广告方案	-8		
参加订单竞争	√		
短期贷款/支付利息	√	-42	+60	-84/+40

续表

任务清单 请按顺序执行下列各项操作。	每执行完一项操作，CEO 请在上面打钩。 财务总监（助理）在方格中填写现金收支情况。			
更新应收款/归还应付款	+ 73	+ 37	+ 37	+ 62
接收并支付已订的货物	− 8	− 8	− 20	− 20
下原材料订单	√	√	√	√
产品研发投资	− 2	− 3	− 3	− 3
更新生产/产品完工入库	√	√	√	√
购买或调整生产线	√	√	√	√
开始新的生产	− 4	− 4	− 8	− 8
交货给客户	√	√	√	√
支付行政管理费用	− 1	− 1	− 1	− 1
长期贷款				− 28
支付设备维修费				− 8
购买（或租赁）厂房				− 12
折旧				√
市场开拓/ISO 资格认证				√
关账				√

4.5.2　季度任务

1. 第 5 年第 1 季度

（1）归还短期贷款/支付利息

本季度现金及到期应收款能够维持企业正常经营，因此不进行贷款。

（2）更新应收款/归还应付款

本季度企业有 73M 应收账款到期，现金变为 77M。

（3）接收原材料并付款

收到 4 个 R1、12 个 R2、4 个 R3 原材料，支付现金 8M，现金剩余 69M，应付账款增加 12M。

（4）下原材料订单

下一季度有 4 条 P2、4 条 P3 全自动线需要生产，因此采购 4 个 R1、12 个 R2、4 个 R3 原材料。

（5）产品研发投资

继续研发 P3 产品，现金扣除 2M，剩余 67M。

（6）更新生产/产品完工入库

4 个全自动 P2 生产线完成 4 个 P2 产品。

（7）购买或调整生产线

本季度不对生产线进行调整。

（8）开始新的生产

4 条 P2、4 条 P3 全自动生产线开始新的生产，扣除工人工资 8M，现金剩余 59M。

（9）交货给客户

将订单 I05P101、B05P209、Q05P203 交货，应收款增加到 82M。

（10）支付行政管理费用

企业每季度经营需要支付行政管理费用 1M，现金变为 58M。

2. 第 5 年第 2 季度

（1）归还短期贷款/支付利息

偿还到期短期贷款及其利息共 42M，现金变为 16M。

（2）更新应收款/归还应付款

本季度 30M 应收款到期，现金变为 46M。

（3）接收原材料并付款

收到 4 个 R1、12 个 R2、4 个 R3 原材料，支付现金 8M，现金剩余 38M，应付账款增加 12M。

（4）下原材料订单

下一季度有 4 条 P2、4 条 P3 全自动线需要生产，因此采购 4 个 R1、12 个 R2、4 个 R3 原材料。

（5）产品研发投资

企业下年度准备生产 P4 产品，因此本季度开始研发 P4 产品，现金扣除 3M，剩余 35M。

（6）更新生产/产品完工入库

4 条全自动 P2 生产线、4 条全自动 P3 生产线共完成 4 个 P2、4 个 P3 产品。

（7）购买或调整生产线

本季度不对生产线进行调整。

（8）开始新的生产

4 条 P2、4 条 P3 全自动生产线开始新的生产，扣除工人工资 8M，现金剩余 27M。

（9）交货给客户

将订单 B05P206、Q05P303、B05P203、A05P304 交货，应收款增加到 121M。

（10）支付行政管理费用

企业每季度经营需要支付行政管理费用 1M，现金变为 26M。

3. 第 5 年第 3 季度

（1）归还短期贷款/支付利息

因为下季度需要偿还短期贷款及利息共 82M，因此本季度增加 60M 短期贷款，现金变为 86M。

（2）更新应收款/归还应付款

本季度有 37M 应收账款、12M 应付账款到期，现金变为 111M。

（3）接收原材料并付款

收到 4 个 R1、12 个 R2、4 个 R3 原材料，支付现金 8M，现金剩余 103M，应付账款增加 12M。

（4）下原材料订单

下一季度有 4 条 P2、4 条 P3 全自动线需要生产，因此采购 4 个 R1、12 个 R2、4 个 R3 原材料。

（5）产品研发投资

继续研发 P4 产品，现金扣除 3M，剩余 100M。

（6）更新生产/产品完工入库

4 条全自动 P2 生产线、4 条全自动 P3 生产线共完成 4 个 P2、4 个 P3 产品。

（7）购买或调整生产线

本季度不对生产线进行调整。

（8）开始新的生产

4 条 P2、4 条 P3 全自动生产线开始新的生产，扣除工人工资 8M，现金剩余 92M。

（9）交货给客户

将订单 B05P201、Q05P201、B05P304、Q05P301 交货，应收款变为 146M。

（10）支付行政管理费用

企业每季度经营需要支付行政管理费用 1M，现金变为 91M。

4. 第 5 年第 4 季度

（1）归还短期贷款/支付利息

本季度共需偿还 84M 的短期贷款及其利息，另外为了保证企业的正常经营，还需增加 40M 的短期贷款，现金变为 47M。

（2）更新应收款/归还应付款

本季度有 62M 应收账款、12M 的应付账款到期，现金变为 97M。

（3）接收原材料并付款

收到 4 个 R1、12 个 R2、4 个 R3 原材料，支付现金 8M，现金剩余 89M，应付账款增加 12M。

（4）下原材料订单

企业下季度将有 4 条 P2、4 条 P3 的全自动生产线，为了维持企业以后的连续生产，订购 4 个 R1、12 个 R2、4 个 R3 原材料。

（5）产品研发投资

继续研发 P4 产品，现金扣除 3M，剩余 86M。

（6）更新生产/产品完工入库

4 条全自动 P2 生产线、4 条全自动 P3 生产线共完成 4 个 P2、4 个 P3 产品。

（7）购买或调整生产线

本季度不对生产线进行调整。

（8）开始新的生产

4 条 P2、4 条 P3 全自动生产线开始新的生产，扣除工人工资 8M，现金剩余 78M。

（9）交货给客户

将订单 Q05P201、Q05P306、B05P306、B05P207 交货，应收款变为 139M。

（10）支付行政管理费用

企业每季度经营需要支付行政管理费用 1M，现金变为 77M。

4.5.3　年末任务

1. 归还长期贷款

企业已有 80M 的长期贷款，并且 20M 长期贷款本年度已经到期，因此需要偿还贷款及利息共 28M，现金变为 49M。

2. 支付设备维修费

企业有正在生产中的生产线共 8 条，因此设备维修费为 8M，现金剩余 41M。

3. 购买（或租赁）厂房

企业目前使用了 A、B、C 厂房，其中 A、B 厂房是虚拟企业的自有资产，因此不需要额外支付租金，企业决定本年度购买 C 厂房，花费现金 12M，现金剩余 29M。

4. 计提折旧

对生产线计提折旧，4 条 P2 生产线都是第 2 年度安装完毕，本年度每条生产线折旧为 2M，4 条 P3 生产线当年安装完成，因此不计提折旧，本年度折旧共 8M。

5. 市场开拓/ISO 资格认证

企业已经对各个市场及其认证均开发完成。

6. 年末关账

企业年终进行盘点，编制资产负债表、损益表和现金收支表等表格（见表 4-39～表 4-44）。

表 4-39　商品核算统计表

	P1	P2	P3	P4	合计
数量	2	16	11		29
销售额	13	124	92		229
成本	4	48	44		96
毛利	9	76	48		133

表 4-40　综合管理费用明细表

项　目	金　额	备　注
管理费	4	
广告费	8	
维修费	8	
租　金	0	
变更费	0	

续表

项　目	金　额	备　注
市场准入开拓	0	☐区域　☐国内　☐亚洲　☐国际
ISO 资格认证	0	☐ ISO9000　☐ ISO14000
产品研发	9	P2（　　　）　P3（　√　）　P4（　√　）
合　计	29	

表 4－41　固定资产明细表

生产线编号	位置	原值	本期折旧	累计折旧	变动
A－P2－5	A	16	2	11	
A－P2－6	A	16	2	11	
A－P2－7	A	16	2	11	
A－P2－8	A	16	2	11	
B－P3－9	B	16	0	0	新增
B－P3－10	B	16	0	0	新增
B－P3－11	B	16	0	0	新增
C－P3－12	C	16	0	0	新增
合　计		128	8	44	

表 4－42　资产负债表

资产	年初	年末	负债＋权益	年初	年末
固定资产			负债		
土地和建筑	56	68	长期负债	80	60
机器和设备	92	84	短期负债	120	100
总固定资产	148	152	应付款	0	24
流动资产			应交税	9	20
现金	21	29	总负债	209	204
应收款	112	139	权益		
在制品	12	28	股东资本	45	45
成品	4	4	利润留存	17	43
原料	0	0	年度净利	26	60
总流动资产	149	200	所有者权益	88	148
总资产	297	352	负债＋权益	297	352

表 4 - 43　损益表

	去年	今年
销售收入	139	229
直接成本	- 51	- 96
毛利	88	133
综合费用	- 25	- 31
折旧前利润	63	102
折旧	- 16	- 8
支付利息前利润	47	94
财务收入/支出	- 12	- 14
额外收入/支出	0	0
税前利润	35	80
所得税	- 9	- 20
净利润	26	60

表 4 - 44　现金收支表

下表供财务人员记录每期的现金收入和支出情况，便于进行现金流量的管理与统计。

	1	2	3	4
支付上年应交所得税	- 9			
广告投入	- 8			
贴现费用				
（利息）短期贷款		- 42	+ 60	+ 40/ - 84
原料采购支付现金	- 8	- 8	- 20	- 20
成品采购支付现金				
变更费用				
生产线投资				
变卖生产线（+）				
工人工资	- 8	- 8	- 8	- 8
产品研发	- 2	- 3	- 3	- 3
应收款到期（+）	+ 73	+ 30	+ 37	+ 62
管理费用	- 1	- 1	- 1	- 1
变卖原料（+）				

续表

	1	2	3	4
长期贷款及利息				−28
设备维护费				−8
租金				
购买新建筑				−12
市场开拓投资				
ISO 认证投资				
其他				
收入总计	+73	+30	+97	+102
支出总计	−36	−62	−32	−164
现 金 流 量	+37	−32	+65	−62

4.6　A 企业第 6 年经营

4.6.1　年初任务

1. 支付应缴税

企业第 6 年缴税为 20M，交完税后沙盘盘面现金为 9M。

2. 制订广告方案

经过讨论，企业决定第 6 年投放广告（见表 4 −45）。

表 4 −45　投放广告情况表

产品	本地市场	区域市场	国内市场	亚洲市场	国际市场
P1					
P2	1M				
P3	1M	1M	1M	1M	1M
P4		1M		1M	

共计投放广告 8M，现金变为 1M。

3. 参加订单竞单

根据广告投放结果开始竞单，根据选单情况填写订单登记表（见表 4 −46）。

表4-46　订单登记表

订单号	市场	产品	数量	账期	销售额	成本	毛利	未售
B06P209	本地	P2	4	4	24	12	12	
B06P303	本地	P3	2	4	20	8	12	
Q06P301	区域	P3	2	1	17	8	9	
Q06P303	区域	P3	2	2	18	8	10	
Q06P304	区域	P3	2	1	17	8	9	
Q06P306	区域	P3	3	3	27	12	15	
B06P301（加急）	国内	P3	1	3	10	4	6	
A06P306	亚洲	P3	2	2	22	8	14	
I06P304	国际	P3	2	3	17	8	9	
Q06P401	区域	P4	2	3	21	10	11	
Q06P403	区域	P4	2	2	19	10	9	
合计					212	96	116	

4. 制订企业本年度的计划

由于中后期 P2 产品的价格大幅下降，因此企业准备在本年度第 1 季度将 4 条 P2 全自动线转产为 P4 的生产线，转产时间为 2 个季度，第 3 季度即可生产 P4 产品，因此本年度还需研发 3 个季度的 P4 产品 P4。

本年度继续生产 P3 产品，将 P2 产品淘汰，转而生产 P4 产品。

企业本年度的经营情况见表4-47。

表4-47　企业经营情况表

任务清单 请按顺序执行下列各项操作。	每执行完一项操作，CEO 请在上面打钩。 财务总监（助理）在方格中填写现金收支情况。			
支付应交税	-20			
计划新的一年	√			
制订广告方案	-8			
参加订单竞争	√			
短期贷款/支付利息	√	+60	-63	-42
更新应收款/归还应付款	+49	+35	+111	+27
接收并支付已订的货物	-20	-16	-20	-16
下原材料订单	√	√	√	√
产品研发投资	-3	-3	-3	√
更新生产/产品完工入库	√	√	√	√

续表

任务清单 请按顺序执行下列各项操作。	每执行完一项操作，CEO 请在上面打钩。 财务总监（助理）在方格中填写现金收支情况。			
购买或调整生产线	−8	−8	√	√
开始新的生产	−4	−4	−8	−8
交货给客户	√	√	√	√
支付行政管理费用	−1	−1	−1	−1
长期贷款				−6
支付设备维修费				−8
购买（或租赁）厂房				√
折旧				√
市场开拓/ISO 资格认证				√
关账				√

4.6.2 季度任务

1. 第 6 年第 1 季度

（1）归还短期贷款/支付利息

本季度现金及到期应收款能够维持企业正常经营，因此不进行贷款。

（2）更新应收款/归还应付款

本季度企业有 49M 应收账款、12M 应付账款到期，现金变为 38M。

（3）接收原材料并付款

收到 4 个 R1、12 个 R2、4 个 R3 原材料，支付现金 8M，现金剩余 30M，应付账款增加 12M。

（4）下原材料订单

下一季度有 4 条 P3 全自动线需要生产，另外第 3 季度有 4 条 P4 生产线开始生产，R3、R4 的提前期均为 2 个季度，因此采购 8 个 R1、8 个 R2、8 个 R3 原材料。

（5）产品研发投资

继续研发 P4 产品，现金扣除 3M，剩余 27M。

（6）更新生产/产品完工入库

4 条全自动 P2 生产线、4 条全自动 P3 生产线共完成 4 个 P2、4 个 P3 产品。

（7）购买或调整生产线

将 4 条 P2 全自动生产线转产成 P4 全自动生产线，支付转产费用 8M，现金变为 19M。

（8）开始新的生产

4 条 P3 全自动生产线开始新的生产，扣除工人工资 4M，现金剩余 15M。

（9）交货给客户

将订单 B06P209、I06P304、A06P306、B06P301 交货，应收账款增加到 163M。

（10）支付行政管理费用

企业每季度经营需要支付行政管理费用1M，现金变为14M。

2. 第6年第2季度

（1）归还短期贷款/支付利息

企业在第3季度需要偿还短期贷款及利息共63M，为了保证企业的正常经营，本季度需增加短期贷款60M，现金变为74M。

（2）更新应收款/归还应付款

本季度企业有35M应收账款、12M应付账款到期，现金变为97M。

（3）接收原材料并付款

收到8个R2、4个R3原材料，支付现金4M，现金剩余93M，应付账款增加8M。

（4）下原材料订单

下一季度有4条P3、4条P4全自动线需要生产，因此采购12个R2、8个R3、8个R4原材料。

（5）产品研发投资

继续研发P4产品，现金扣除3M，剩余90M。

（6）更新生产/产品完工入库

4条全自动P3生产线共完成4个P3产品。

（7）购买或调整生产线

继续安装转产中的生产线，支付现金8M，剩余82M。

（8）开始新的生产

4条P3全自动生产线开始新的生产，扣除工人工资4M，现金剩余78M。

（9）交货给客户

将订单Q06P304、Q06P301交货，应收账款增加到162M。

（10）支付行政管理费用

企业每季度经营需要支付行政管理费用1M，现金变为77M。

3. 第6年第3季度

（1）归还短期贷款/支付利息

偿还到期短期贷款及其利息共63M，现金变为14M。

（2）更新应收款/归还应付款

本季度有111M应收账款、20M的应付账款到期，现金变为105M。

（3）接收原材料并付款

收到12个R2、8个R3、8个R4原材料，应付账款增加28M。

（4）下原材料订单

下一季度有4条P3、4条P4全自动线需要生产，而原材料R2本季度剩余4个，因此采购8个R2、8个R3、8个R4原材料。

（5）产品研发投资

继续研发P4产品，现金扣除3M，剩余102M。

（6）更新生产/产品完工入库

4 条全自动 P3 生产线共完成 4 个 P3 产品。

（7）购买或调整生产线

本季度不对生产线进行调整。

（8）开始新的生产

4 条 P3、4 条 P4 全自动生产线开始新的生产，扣除工人工资 8M，现金剩余 94M。

（9）交货给客户

将订单 B06P303、Q06P303 交货，应收款变为 89M。

（10）支付行政管理费用

企业每季度经营需要支付行政管理费用 1M，现金变为 93M。

4. 季度任务（第 6 年第 4 季度）

（1）归还短期贷款/支付利息

偿还短期贷款及其利息共 42M，现金剩余 51M。

（2）更新应收款/归还应付款

本季度有 27M 应收账款、16M 的应付账款到期，现金变为 62M。

（3）接收原材料并付款

收到 8 个 R2、8 个 R3、8 个 R4 原材料，应付账款增加 24M。

（4）下原材料订单

企业下季度将有 4 条 P3、4 条 P4 的全自动生产线，为了维持企业以后的连续生产，订购 12 个 R2、8 个 R3、8 个 R4 原材料。

（5）产品研发投资

企业的产品已经全部研发完成，不需要再进行产品研发。

（6）更新生产/产品完工入库

4 条全自动 P3 生产线、4 条全自动 P4 生产线共完成 4 个 P3、4 个 P4 产品。

（7）购买或调整生产线

本季度不对生产线进行调整。

（8）开始新的生产

4 条 P3、4 条 P4 全自动生产线开始新的生产，扣除工人工资 8M，现金剩余 54M。

（9）交货给客户

将订单 Q06P306、Q06P403、Q06P401 交货，应收账款变为 129M。

（10）支付行政管理费用

企业每季度经营需要支付行政管理费用 1M，现金变为 53M。

4.6.3　年末任务

1. 归还长期贷款

企业已有 60M 的长期贷款，因此需要偿还利息共 6M，现金变为 47M。

2. 支付设备维修费

企业有正在生产中的生产线共 8 条，因此设备维修费为 8M，现金剩余 39M。

3. 购买（或租赁）厂房

企业目前使用了 A、B、C 厂房，而 A、B、C 厂房是虚拟企业的自有资产，因此不需要支付额外的租金。

4. 计提折旧

对生产线进行折旧，4 条 P2 生产线都是第 2 年安装完毕，本年度每条生产线折旧为 2M，4 条 P3 生产线第 5 年安装完成，本年度每条生产线折旧为 5M，本年度折旧共 28M。

5. 市场开拓/ISO 资格认证

企业已经对各个市场及其认证均开发完成。

6. 年末关账

企业年终进行盘点，编制资产负债表、损益表和现金收支表等表格（见表 4-48~表 4-53）。

表 4-48 商品核算统计表

	P1	P2	P3	P4	合计
数量		4	16	4	24
销售额		24	148	40	212
成本		12	64	20	96
毛利		12	84	20	116

表 4-49 综合管理费用明细表

项 目	金 额	备 注
管理费	4	
广告费	8	
维修费	8	
租 金	0	
变更费	16	
市场准入开拓	0	□区域　□国内　□亚洲　□国际
ISO 资格认证	0	□ISO9000　□ISO14000
产品研发	9	P2（　）　P3（　）　P4（ √ ）
合 计	45	

表 4-50 固定资产明细表生产线

编号	位置	原值	本期折旧	累计折旧	变动
A-P2-5	A	16	2	13	
A-P2-6	A	16	2	13	
A-P2-7	A	16	2	13	

续表

编号	位置	原值	本期折旧	累计折旧	变动
A－P2－8	A	16	2	13	
B－P3－9	B	16	5	5	
B－P3－10	B	16	5	5	
B－P3－11	B	16	5	5	
C－P3－12	C	16	5	5	
合　计		128	28	72	

表 4－51　资产负债表

资产	年初	年末	负债＋权益	年初	年末
固定资产			负债		
土地和建筑	68	68	长期负债	60	60
机器和设备	84	56	短期负债	100	60
总固定资产	152	124	应付款	24	36
流动资产			应交税	20	8
现金	29	39	总负债	204	164
应收款	139	129	权益		
在制品	28	36	股东资本	45	45
成品	4	4	利润留存	43	103
原料	0	4	年度净利	60	24
总流动资产	200	212	所有者权益	148	172
总资产	352	336	负债＋权益	352	336

表 4－52　损益表

	去年	今年
销售收入	229	212
直接成本	－96	－96
毛利	133	116
综合费用	－31	－45
折旧前利润	102	71
折旧	－8	－28
支付利息前利润	94	43
财务收入/支出	－14	－11

续表

	去年	今年
额外收入/支出	0	0
税前利润	80	32
所得税	−20	−8
净利润	60	24

表 4 – 53　现金收支表

下表供财务人员记录每期的现金收入和支出情况，便于进行现金流量的管理与统计。

	1	2	3	4
支付上年应交所得税	−20			
广告投入	−8			
贴现费用				
（利息）短期贷款		+60	−63	−42
原料采购支付现金	−20	−16	−20	−16
成品采购支付现金				
变更费用	−8	−8		
生产线投资				
变卖生产线（+）				
工人工资	−4	−4	−8	−8
产品研发	−3	−3	−3	
应收款到期（+）	+49	+35	+111	+27
管理费用	−1	−1	−1	−1
变卖原料（+）				
长期贷款及利息				−6
设备维护费				−8
租金				
购买新建筑				
市场开拓投资				
ISO 认证投资				
其他				
收入总计	+49	+95	+111	+27
支出总计	−64	−32	−95	−81
现金流量	−15	+63	+16	−54

4.7 A 企业第 7 年经营

4.7.1 年初任务

1. 支付应缴税

企业第 7 年缴税为 8M，交完税后沙盘盘面现金为 31M。

2. 制订广告方案

经过讨论，企业决定第 7 年投放广告（见表 4-54）。

表 4-54 投放广告情况表

产品	本地市场	区域市场	国内市场	亚洲市场	国际市场
P1					
P2					
P3	1M	1M	1M	1M	1M
P4	1M	1M	1M	1M	1M

共计投放广告 10M，现金变为 21M。

3. 参加订单竞单

根据广告投放结果开始竞单，根据选单情况填写订单登记表（见表 4-55）。

表 4-55 订单登记表

订单号	市场	产品	数量	账期	销售额	成本	毛利	未售
B07P303	本地	P3	2	2	19	8	11	
Q07P304	区域	P3	1	2	9	4	5	
Q07P306	区域	P3	1	4	10	4	6	
Q07P308	区域	P3	3	3	28	12	16	
B07P307	国内	P3	4	4	42	16	26	
A07P306	亚洲	P3	2	1	20	8	12	
I07P303	国际	P3	3	3	27	12	15	
B07P404	本地	P4	2	4	22	10	12	
Q07P403	区域	P4	2	4	22	10	12	
Q07P405	区域	P4	3	4	34	15	19	
B07P403	国内	P4	2	2	23	10	13	
A07P401	亚洲	P4	2	2	21	10	11	

续表

订单号	市场	产品	数量	账期	销售额	成本	毛利	未售
A07P404	亚洲	P4	2	2	20	10	10	
A07P405	亚洲	P4	2	3	22	10	12	
A07P406	亚洲	P4	1	4	11	5	6	
合　计					330	144	186	

4. 制订企业本年度的计划

本年度继续生产 P3 产品和 P4 产品。

企业本年度的经营情况见表 4 – 56。

表 4 – 56　企业经营情况表

任务清单 请按顺序执行下列各项操作。	每执行完一项操作，CEO 请在上面打钩。 财务总监（助理）在方格中填写现金收支情况。			
支付应交税	– 8			
计划新的一年	√			
制订广告方案	– 10			
参加订单竞争	√			
短期贷款/支付利息	√	– 63/ + 20		+ 40
更新应收款/归还应付款	+ 42	+ 75	+ 68	+ 74
接收并支付已订的货物	– 36	– 18	– 28	– 28
下原材料订单	√	√	√	√
产品研发投资	√	√	√	√
更新生产/产品完工入库	√	√	√	√
购买或调整生产线	– 8	– 8	√	√
开始新的生产	– 8	– 8	– 8	– 8
交货给客户	√	√	√	√
支付行政管理费用	– 1	– 1	– 1	– 1
长期贷款				– 66
支付设备维修费				– 8
购买（或租赁）厂房				√
折旧				√
市场开拓/ISO 资格认证				√
关账				√

4.7.2　季度任务

1. 第 7 年第 1 季度

（1）归还短期贷款/支付利息

本季度现金及到期应收款能够维持企业正常经营，因此不进行贷款。

（2）更新应收款/归还应付款

本季度企业有 42M 应收账款、36M 应付账款到期，现金变为 27M。

（3）接收原材料并付款

收到 12 个 R2、8 个 R3、8 个 R4 原材料，应付账款增加 28M。

（4）下原材料订单

下一季度有 4 条 P3、4 条 P4 全自动生产线需要生产，因此采购 12 个 R2、8 个 R3、8 个 R4 原材料。

（5）产品研发投资

企业的产品已经全部研发完成，不需要再进行产品研发。

（6）更新生产/产品完工入库

4 条全自动 P3 生产线、4 条全自动 P4 生产线共完成 4 个 P3、4 个 P4 产品。

（7）购买或调整生产线

本季度不对生产线进行调整。

（8）开始新的生产

4 条 P3、4 条 P4 全自动生产线开始新的生产，扣除工人工资 8M，现金剩余 19M。

（9）交货给客户

将订单 A07P406、Q07P405、B07P407、Q07P306 交货，应收款增加到 184M。

（10）支付行政管理费用

企业每季度经营需要支付行政管理费用 1M，现金变为 18M。

2. 第 7 年第 2 季度

（1）归还短期贷款/支付利息

由于上季度操作失误，没有借短期贷款，因此无法偿还到期的短期贷款及其利息，因此本季度贴现 56M，扣除手续费 8M，现金增加 48M，变为 66M。

偿还短期贷款及其利息共 63M，现金剩余 3M。

为了保证本季度正常经营增加短期贷款 20M，现金变为 23M。

（2）更新应收款/归还应付款

本季度企业有 19M 应收账款、16M 应付账款到期，现金变为 26M。

（3）接收原材料并付款

收到 12 个 R2、8 个 R3、8 个 R4 原材料，应付账款增加 28M。

（4）下原材料订单

下一季度有 4 条 P3、4 条 P4 全自动线需要生产，因此采购 12 个 R2、8 个 R3、8 个 R4 原材料。

（5）产品研发投资

企业的产品已经全部研发完成，不需要再进行产品研发。

（6）更新生产/产品完工入库

4条全自动 P3 生产线、4 条全自动 P4 生产线共完成 4 个 P3、4 个 P4 产品。

（7）购买或调整生产线

本季度不对生产线进行调整。

（8）开始新的生产

4 条 P3、4 条 P4 全自动生产线开始新的生产，扣除工人工资 8M，现金剩余 18M。

（9）交货给客户

将订单 I07P303、Q07P304、Q07P403、B07P403 交货，应收款增加到 190M。

（10）支付行政管理费用

企业每季度经营需要支付行政管理费用 1M，现金变为 17M。

3. 第 7 年第 3 季度

（1）归还短期贷款/支付利息

本季度现金及到期应收款能够维持企业正常经营，因此不进行贷款。

（2）更新应收款/归还应付款

本季度有 68M 应收账款、28M 的应付账款到期，现金变为 57M。

（3）接收原材料并付款

收到 12 个 R2、8 个 R3、8 个 R4 原材料，应付账款增加 28M。

（4）下原材料订单

下一季度有 4 条 P3、4 条 P4 全自动线需要生产，因此采购 12 个 R2、8 个 R3、8 个 R4 原材料。

（5）产品研发投资

企业的产品已经全部研发完成，不需要再进行产品研发。

（6）更新生产/产品完工入库

4 条全自动 P3 生产线、4 条全自动 P4 生产线共完成 4 个 P3、4 个 P4 产品。

（7）购买或调整生产线

本季度不对生产线进行调整。

（8）开始新的生产

4 条 P3、4 条 P4 全自动生产线开始新的生产，扣除工人工资 8M，现金剩余 49M。

（9）交货给客户

将订单 A07P306、B07P303、A07P405、B07P404 交货，应收款变为 205M。

（10）支付行政管理费用

企业每季度经营需要支付行政管理费用 1M，现金变为 48M。

4. 第 7 年第 4 季度

（1）归还短期贷款/支付利息

为了保证本季度正常经营增加短期贷款 40M，现金变为 88M。

（2）更新应收款/归还应付款

本季度有 74M 应收账款、28M 的应付账款到期，现金变为 134M。

（3）接收原材料并付款

收到 12 个 R2、8 个 R3、8 个 R4 原材料，应付账款增加 28M。

（4）下原材料订单

企业下季度将有 4 条 P3、4 条 P4 的全自动生产线，为了维持企业以后的连续生产，订购 12 个 R2、8 个 R3、8 个 R4 原材料。

（5）产品研发投资

企业的产品已经全部研发完成，不需要再进行产品研发。

（6）更新生产/产品完工入库

4 条全自动 P3 生产线、4 条全自动 P4 生产线共完成 4 个 P3、4 个 P4 产品。

（7）购买或调整生产线

本季度不对生产线进行调整。

（8）开始新的生产

4 条 P4、4 条 P5 全自动生产线开始新的生产，扣除工人工资 8M，现金剩余 126M。

（9）交货给客户

将订单 Q07P308、A07P401、A07P404 交货，应收款变为 200M。

（10）支付行政管理费用

企业每季度经营需要支付行政管理费用 1M，现金变为 125M。

4.7.3　年末任务

1. 归还长期贷款

企业 60M 的长期贷款本年度到期，因此需要偿还长期贷款及其利息共 66M，现金变为 59M。

2. 支付设备维修费

企业有正在生产中的生产线共 8 条，因此设备维修费为 8M，现金剩余 51M。

3. 购买（或租赁）厂房

企业目前使用了 A、B、C 厂房，而 A、B、C 厂房是虚拟企业的自有资产，因此不需要支付额外的租金。

4. 计提折旧

对生产线进行折旧，4 条 P2 生产线都是第 2 年安装完毕，本年度每条生产线折旧为 1M，4 条 P3 生产线第 5 年安装完成，本年度每条生产线折旧为 4M，本年度折旧共 20M。

5. 市场开拓/ISO 资格认证

企业已经对各个市场及其认证均开发完成。

6. 年末关账

企业年终进行盘点，编制资产负债表、损益表和现金收支表等表格（见表 4 - 57 ~ 表 4 - 62）。

表4-57 商品核算统计表

	P1	P2	P3	P4	合计
数量			16	16	32
销售额			155	175	330
成本			64	80	144
毛利			91	95	186

表4-58 综合管理费用明细表

项　目	金　额	备　注
管理费	4	
广告费	10	
维修费	8	
租　金	0	
变更费	0	
市场准入开拓	0	☐区域　　☐国内　　☐亚洲　　☐国际
ISO 资格认证	0	☐ISO9000　　☐ISO14000
产品研发	0	P2（　　　）　P3（　　　）　P4（　　　）
合　计	22	

表4-59 固定资产明细表生产线

编号	位置	原值	本期折旧	累计折旧	变动
A-P2-5	A	16	1	14	
A-P2-6	A	16	1	14	
A-P2-7	A	16	1	14	
A-P2-8	A	16	1	14	
B-P3-9	B	16	4	9	
B-P3-10	B	16	4	9	
B-P3-11	B	16	4	9	
C-P3-12	C	16	4	9	
合　计		128	20	100	

表 4 – 60　资产负债表

资产	年初	年末	负债 + 权益	年初	年末
固定资产			负债		
土地和建筑	68	68	长期负债	60	0
机器和设备	56	36	短期负债	60	60
总固定资产	124	104	应付款	36	40
流动资产			应交税	8	32
现金	39	51	总负债	164	132
应收款	129	200	权益		
在制品	36	36	股东资本	45	45
成品	4	4	利润留存	103	127
原料	4	4	年度净利	24	95
总流动资产	212	295	所有者权益	172	267
总资产	336	399	负债 + 权益	336	399

表 4 – 61　损益表

	去年	今年
销售收入	212	330
直接成本	– 96	– 144
毛利	116	186
综合费用	– 45	– 22
折旧前利润	71	164
折旧	– 28	– 20
支付利息前利润	43	144
财务收入／支出	– 11	– 17
额外收入／支出	0	0
税前利润	32	127
所得税	– 8	– 32
净利润	24	95

表 4－62　现金收支表

下表供财务人员记录每期的现金收入和支出情况，便于进行现金流量的管理与统计。

	1	2	3	4
支付上年应交所得税	－8			
广告投入	－10			
贴现费用		－8		
（利息）短期贷款		－63／＋20		＋40
原料采购支付现金	－36	－16	－28	－28
成品采购支付现金				
变更费用				
生产线投资				
变卖生产线（＋）				
工人工资	－8	－8	－8	－8
产品研发				
应收款到期（＋）	＋42	＋75	＋68	＋74
管理费用	－1	－1	－1	－1
变卖原料（＋）				
长期贷款及利息				－66
设备维护费				－8
租金				
购买新建筑				
市场开拓投资				
ISO 认证投资				
其他				
收入总计	＋42	＋95	＋68	＋114
支出总计	－63	－96	－37	－111
现 金 流 量	－21	－1	＋31	＋3

4.8　A企业第8年经营

4.8.1　年初任务

1. 支付应缴税

企业第 8 年缴税为 32M，交完税后沙盘盘面现金为 19M。

2. 制订广告方案

经过讨论，企业决定第 8 年投放广告情况（见表 4–63）。

表 4–63　投放广告情况表

产品	本地市场	区域市场	国内市场	亚洲市场	国际市场
P1					
P2					
P3	1M	1M	1M	1M	1M
P4	1M	1M	1M	1M	1M

共计投放广告 10M，现金变为 9M。

3. 参加订单竞单

根据广告投放结果开始竞单，根据选单情况填写订单登记表（见表 4–64）。

表 4–64　订单登记表

订单号	市场	产品	数量	账期	销售额	成本	毛利	未售
B08P305	本地	P3	3	3	30	12	18	
Q08P301	区域	P3	2	3	21	8	13	
B08P302	国内	P3	2	3	22	8	14	
B08P311	国内	P3	2	3	21	8	13	
A08P307	亚洲	P3	2	2	22	8	14	
I08P304	国际	P3	2	2	19	8	11	
I08P305	国际	P3	2	2	17	8	9	
I08P307	国际	P3	2	3	18	8	10	
B08P402	本地	P4	3	4	33	15	18	
B08P404	本地	P4	2	2	23	10	13	
Q08P405	区域	P4	2	3	23	10	13	
Q08P406	区域	P4	4	4	44	20	24	
B08P405	国内	P4	2	3	23	10	13	
A08P405	亚洲	P4	3	4	36	15	21	
合　计					352	148	204	

4. 制订企业本年度的计划

本年度继续生产 P3 产品和 P4 产品。

企业本年度的经营情况见表 4–65。

表 4 - 65　企业经营情况表

任务清单 请按顺序执行下列各项操作。	每执行完一项操作，CEO 请在上面打钩。 财务总监（助理）在方格中填写现金收支情况。			
支付应交税	- 32			
计划新的一年	√			
制订广告方案	- 10			
参加订单竞争	√			
短期贷款/支付利息	√	- 21	√	- 42
更新应收款/归还应付款	+ 82	+ 63	+ 50	+ 65
接收并支付已订的货物	- 28	- 28	- 28	- 28
下原材料订单	√	√	√	√
产品研发投资	√	√	√	√
更新生产/产品完工入库	√	√	√	√
购买或调整生产线	√	√	√	√
开始新的生产	- 8	- 8	- 8	- 8
交货给客户	√	√	√	√
支付行政管理费用	- 1	- 1	- 1	- 1
长期贷款				√
支付设备维修费				- 8
购买（或租赁）厂房				√
折旧				√
市场开拓/ISO 资格认证				√
关账				√

4.8.2　季度任务

1. 第 8 年第 1 季度

（1）归还短期贷款/支付利息

本季度现金及到期应收款能够维持企业正常经营，因此不进行贷款。

（2）更新应收款/归还应付款

本季度企业有 87M 应收账款、28M 应付账款到期，现金变为 68M。

（3）接收原材料并付款

收到 12 个 R2、8 个 R3、8 个 R4 原材料，应付账款增加 28M。

（4）下原材料订单

下一季度有 4 条 P3、4 条 P4 全自动线需要生产，因此采购 12 个 R2、8 个 R3、8 个 R4 原材料。

（5）产品研发投资

企业的产品已经全部研发完成，不需要再进行产品研发。

（6）更新生产/产品完工入库

4 条全自动 P3 生产线、4 条全自动 P4 生产线共完成 4 个 P3、4 个 P4 产品。

（7）购买或调整生产线

本季度不对生产线进行调整。

（8）开始新的生产

4 条 P3、4 条 P4 全自动生产线开始新的生产，扣除工人工资 8M，现金剩余 60M。

（9）交货给客户

将订单 B08P302、Q08P301、Q08P406 交货，应收款增加到 200M。

（10）支付行政管理费用

企业每季度经营需要支付行政管理费用 1M，现金变为 59M。

2. 第 8 年第 2 季度

（1）归还短期贷款/支付利息

偿还短期贷款及其利息共 21M，现金剩余 38M。

（2）更新应收款/归还应付款

本季度企业有 63M 应收账款、28M 应付账款到期，现金变为 73M。

（3）接收原材料并付款

收到 12 个 R2、8 个 R3、8 个 R4 原材料，应付账款增加 28M。

（4）下原材料订单

下一季度有 4 条 P3、4 条 P4 全自动线需要生产，因此采购 12 个 R2、8 个 R3、8 个 R4 原材料。

（5）产品研发投资

企业的产品已经全部研发完成，不需要再进行产品研发。

（6）更新生产/产品完工入库

4 条全自动 P3 生产线、4 条全自动 P4 生产线共完成 4 个 P3、4 个 P4 产品。

（7）购买或调整生产线

本季度不对生产线进行调整。

（8）开始新的生产

4 条 P3、4 条 P4 全自动生产线开始新的生产，扣除工人工资 8M，现金剩余 65M。

（9）交货给客户

将订单 A08P307、I08P307、B08P405、Q08P405 交货，应收款增加到 223M。

（10）支付行政管理费用

企业每季度经营需要支付行政管理费用 1M，现金变为 64M。

3. 第 8 年第 3 季度

（1）归还短期贷款/支付利息

本季度现金及到期应收款能够维持企业正常经营，因此不进行贷款。

（2）更新应收款/归还应付款

本季度有 50M 应收账款、28M 的应付账款到期，现金变为 86M。

（3）接收原材料并付款

收到 12 个 R2、8 个 R3、8 个 R4 原材料，应付账款增加 28M。

（4）下原材料订单

下一季度有 4 条 P3、4 条 P4 全自动线需要生产，因此采购 12 个 R2、8 个 R3、8 个 R4 原材料。

（5）产品研发投资

企业的产品已经全部研发完成，不需要再进行产品研发。

（6）更新生产/产品完工入库

4 条全自动 P3 生产线、4 条全自动 P4 生产线共完成 4 个 P3、4 个 P4 产品。

（7）购买或调整生产线

本季度不对生产线进行调整。

（8）开始新的生产

4 条 P3、4 条 P4 全自动生产线开始新的生产，扣除工人工资 8M，现金剩余 78M。

（9）交货给客户

将订单 I08P304、B08P305、B08P402 交货，应收款变为 337M。

（10）支付行政管理费用

企业每季度经营需要支付行政管理费用 1M，现金变为 77M。

4. 第 8 年第 4 季度

（1）归还短期贷款/支付利息

偿还短期贷款及其利息共 42M，现金剩余 35M。

（2）更新应收款/归还应付款

本季度有 65M 应收账款、28M 的应付账款到期，现金变为 72M。

（3）接收原材料并付款

收到 12 个 R2、8 个 R3、8 个 R4 原材料，应付账款增加 28M。

（4）下原材料订单

企业下季度将有 4 条 P3、4 条 P4 的全自动生产线，为了维持企业以后的连续生产，订购 12 个 R2、8 个 R3、8 个 R4 原材料。

（5）产品研发投资

企业的产品已经全部研发完成，不需要再进行产品研发。

（6）更新生产/产品完工入库

4 条全自动 P3 生产线、4 条全自动 P4 生产线共完成 4 个 P3、4 个 P4 产品。

（7）购买或调整生产线

本季度不对生产线进行调整。

（8）开始新的生产

4 条 P3、4 条 P4 全自动生产线开始新的生产，扣除工人工资 8M，现金剩余 64M。

（9）交货给客户

将订单 B08P311、I08P305、A08P405、B08P404 交货，应收款变为 287M。

（10）支付行政管理费用

企业每季度经营需要支付行政管理费用 1M，现金变为 63M。

4.8.3　年末任务

1. 归还长期贷款

本年度企业已经没有长期贷款。

2. 支付设备维修费

企业有正在生产中的生产线共 8 条，因此设备维修费为 8M，现金剩余 55M。

3. 购买（或租赁）厂房

企业目前使用了 A、B、C 厂房，而 A、B、C 厂房是虚拟企业的自有资产，因此不需要额外支付租金。

4. 计提折旧

对生产线进行折旧，4 条 P2 生产线都是第 2 年安装完毕，本年度每条生产线折旧为 1M，4 条 P3 生产线第 5 年安装完成，本年度每条生产线折旧为 2M，本年度折旧共 12M。

5. 市场开拓/ISO 资格认证

企业已经对各个市场及其认证均开发完成。

6. 年末关账

企业年终进行盘点，编制损益表和资产负债表等表格（见表 4-66 ~ 表 4-71）。

表 4-66　商品核算统计表

	P1	P2	P3	P4	合计
数量			17	16	33
销售额			170	182	352
成本			68	80	148
毛利			102	102	204

表 4-67　综合管理费用明细表

项　目	金　额	备　注
管理费	4	
广告费	10	
维修费	8	
租　金	0	
变更费	0	
市场准入开拓	0	□区域　　□国内　　□亚洲　　□国际
ISO 资格认证	0	□ISO9000　　□ISO14000
产品研发	0	P2（　　　）　P3（　　　）　P4（　　　）
合　计	22	

表 4 - 68　固定资产明细表

生产线编号	位置	原值	本期折旧	累计折旧	变动
A - P2 - 5	A	16	1	15	
A - P2 - 6	A	16	1	15	
A - P2 - 7	A	16	1	15	
A - P2 - 8	A	16	1	15	
B - P3 - 9	B	16	2	11	
B - P3 - 10	B	16	2	11	
B - P3 - 11	B	16	2	11	
C - P3 - 12	C	16	2	11	
合　计		128	12	104	

表 4 - 69　资产负债表

资产	年初	年末	负债 + 权益	年初	年末
固定资产			负债		
土地和建筑	68	68	长期负债	0	0
机器和设备	36	24	短期负债	60	0
总固定资产	104	92	应付款	40	40
流动资产			应交税	32	42
现金	51	55	总负债	132	82
应收款	200	287	权益		
在制品	36	36	股东资本	45	45
成品	4	0	利润留存	127	222
原料	4	4	年度净利	95	125
总流动资产	295	382	所有者权益	267	392
总资产	399	474	负债 + 权益	399	474

表 4 - 70　损益表

	去年	今年
销售收入	330	352
直接成本	- 144	- 148
毛利	186	204
综合费用	- 22	- 22
折旧前利润	164	182
折旧	- 20	- 12
支付利息前利润	144	170

续表

	去年	今年
财务收入／支出	−17	−3
额外收入／支出	0	0
税前利润	127	167
所得税	−32	42
净利润	95	125

表 4 − 71　现金收支表

下表供财务人员记录每期的现金收入和支出情况，便于进行现金流量的管理与统计。

	1	2	3	4
支付上年应交所得税	−32			
广告投入	−10			
贴现费用				
（利息）短期贷款		−21		−42
原料采购支付现金	−28	−28	−28	−28
成品采购支付现金				
变更费用				
生产线投资				
变卖生产线（＋）				
工人工资	−8	−8	−8	−8
产品研发				
应收款到期（＋）	+87	+63	+50	+65
管理费用	−1	−1	−1	−1
变卖原料（＋）				
长期贷款及利息				
设备维护费				−8
租金				
购买新建筑				
市场开拓投资				
ISO 认证投资				
其他				
收入总计	+87	+63	+50	+65
支出总计	−79	−58	−37	−87
现 金 流 量	+8	+5	+13	−22

※A 企业经营小结

A 企业在本轮经营过程中，基本能实现第 1 年年初预定的目标，虽然在实际运营中出现了原材料过剩、现金预算出错等错误，但是整体经营没有犯大错误，最终获得 10 个小组中的第一名。

1. 本经营策略的优点

（1）先生产 P2，然后生产 P3，最后生产 P4，经营比较稳定。

（2）第 2 年开始就生产 P2，P2 的市场比 P3 更大，因此期初经营的风险比较小。

（3）后期 P3 和 P4 的产品组合，有效地分散了市场风险。

2. 本经营策略的缺点

（1）企业经营中期进入 P3 市场，相对直接做 P3 的小组没有竞争优势。

（2）权益前 4 年不会有很大变化，此时生产 P3 产品容易导致筹资困难。

单元5

企业经营沙盘实训进阶

【学习目标】

完成企业经营沙盘中经营策略的学习，学会进行市场分析和产品分析的方法，并能根据市场分析制定正确的营销和生产等经营策略。

【学习内容】

市场分析策略、产品分析策略、投放广告策略。

5.1 市场分析策略

对市场的精确、敏感的把握是决定模拟企业经营所用策略的根本，只有明白每一个市场的特点，才能让计划更有针对性，才能在这个基础上去分析对手的思路，最后决定虚拟企业用哪一种战略。而这里的战略，指的是市场的选择和产品的选择，就是主要生产什么产品、主攻哪些市场、开局是什么、最终目标是什么等。只有明确了这些才能真正做到以销定产，扩大企业的利润。下面以10组订单模式分析各个市场不同产品的需求量变化和价格走势。

5.1.1 本地市场分析

本地市场所有虚拟企业初期都已开发完成，且第1年只能在本地市场销售产品，因此该市场是虚拟企业初期累计原始资本的主要市场之一。图5-1是本地市场产品的需求量分析，横轴表示年度（1~8年），纵轴表示产品需求量；图5-2是本地市场产品的价格分析，横轴表示年度（1~8年），纵轴表示产品价格。从图5-1、图5-2可以分析各产品大致的需求量和价格走势。

P1产品的需求量第1年最高，然后逐年下降，第4年稍有回升，但第5年开始大幅下降，到第8年整个本地市场P1产品需求量仅为7个；从P1产品的价格上分析，第1年P1产品的价格最高，之后价格呈总体下降趋势，第8年价格为3.1左右。从上述分析可知，在本地市场中，P1产品属于企业经营初期便被市场所淘汰的产品，需求和价格都日益萎缩，虚拟企业无法靠P1产品取得高额利润。

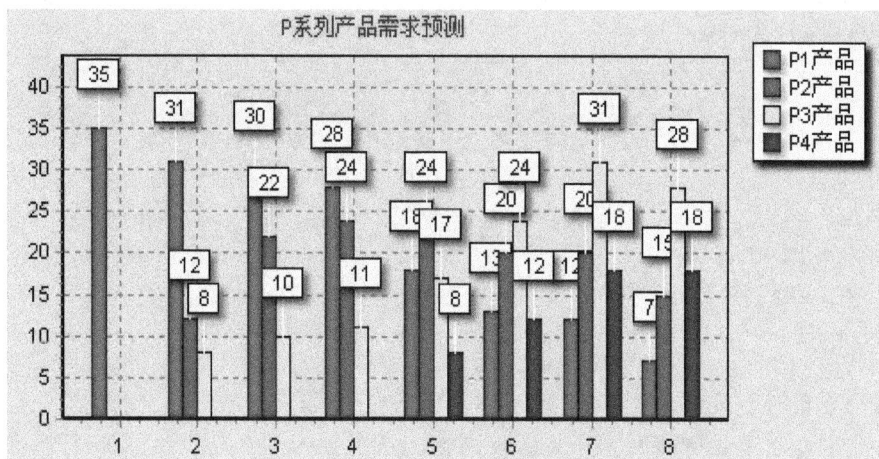

图 5-1　本地市场产品需求量分析

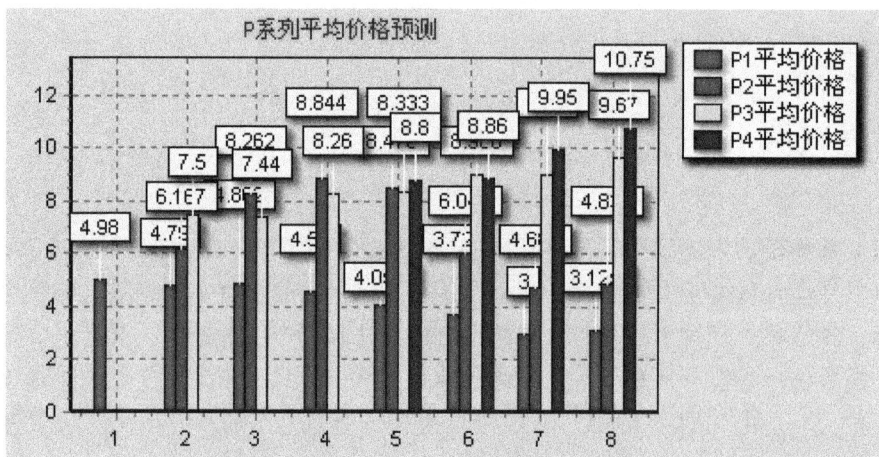

图 5-2　本地市场产品价格分析

P2 产品在本地市场从第 2 年开始出现，需求量逐年上升，到第 5 年开始下降，第 6、第 7 年下降幅度不大，到第 8 年下降明显；从 P2 产品的价格上分析，第 2 年 P2 产品的价格逐年上升，第 5 年开始下降，第 6 年有大幅下降。从上述分析可知，在本地市场中，P2 产品在企业经营初期属于成长型产品，但在企业经营中期被市场所淘汰，需求和价格都有所下降，虚拟企业在中后期无法从 P2 产品上取得较高利润。

P3 产品在本地市场从第 2 年开始出现，需求每年都有大幅上升，第 8 年有小幅下降；从 P3 产品的价格上分析，第 2 年 P2 产品的价格有小幅波动，但总体稳中有升。从上述分析可知，在本地市场中，P3 产品在企业经营中属于后期主打产品，第 2 年在该市场出现但需求量偏少，但中后期需求量很大且价格较高，在中后期企业可以通过 P3 产品获得较高的利润。

P4 产品在本地市场从第 5 年开始出现，需求每年都有上升；从 P4 产品的价格上分析，总体稳中有升。从上述分析可知，在本地市场中，P4 产品在企业经营中属于后期产品，第 5 年在该市场出现但需求量偏少，且后期需求量上升不快，但是价格较高，在中后期企业可以考虑在本地市场销售 P4 产品。

5.1.2　区域市场分析

区域市场最快可以在虚拟企业经营第 1 年年末开发完成，第 2 年年初开始在该市场销售产品，因此该市场也是虚拟企业初期累计原始资本的主要市场之一。从图 5-3、图 5-4 可以分析各产品大致的需求量和价格走势。

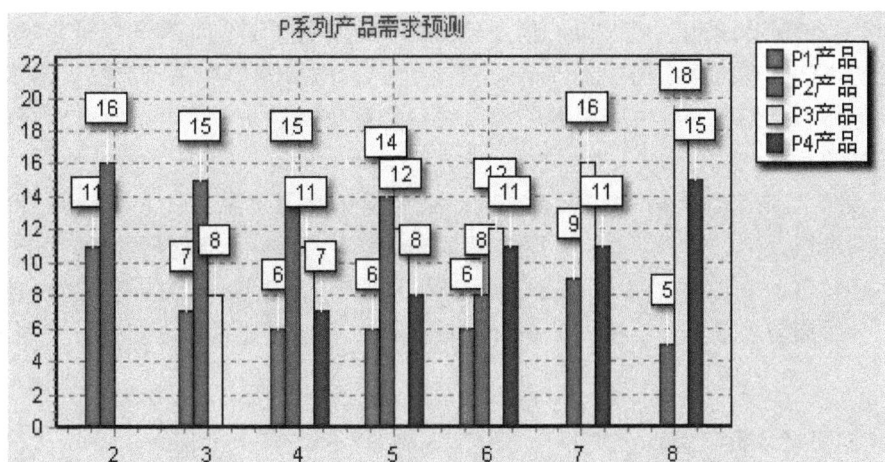

图 5-3　区域市场产品需求量分析

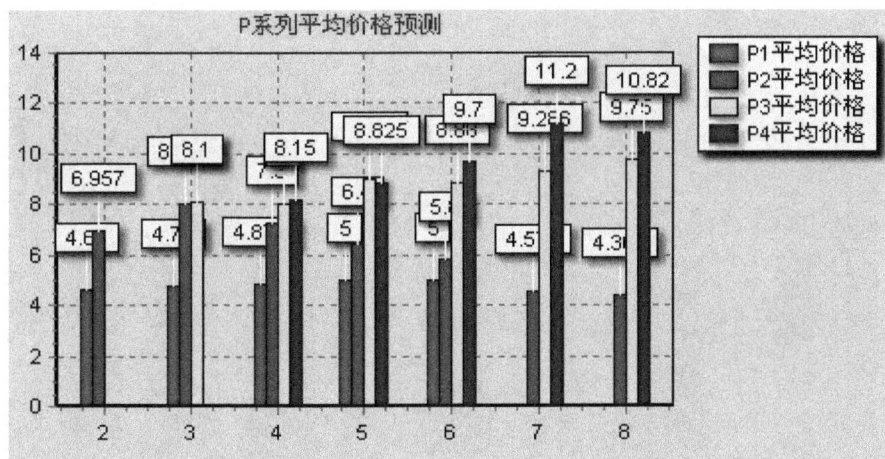

图 5-4　区域市场产品价格分析

P1 产品的需求量第 2 年最高，第 3 年有较大幅度的下降，第 4 年需求量变化不大，但是总量比较小，到第 7、第 8 年该产品已被区域市场所淘汰，在该市场没有需求；从 P1 产品的价格上分析，第 2 年到第 6 年价格比较平稳，波动不大。从上述分析可知，在区域市场中，P1 产品属于企业经营初期便被市场所淘汰的产品，虽然价格变化不大，但是需求总量很小且日益萎缩，虚拟企业无法靠 P1 产品取得高额利润。

P2 产品在区域市场从第 2 年开始出现，需求量每年都比较平稳，到第 6 年开始有明显下降，第 7、第 8 年继续下降；从 P2 产品的价格上分析，第 3 年 P2 产品的价格达到顶峰，然后开始逐年下降。从上述分析可知，在区域市场中，P2 产品在企业经营初期属于成长型产品，但在企业经营中期被市场所淘汰，需求和价格都有所下降，虚拟企业在中后期无法从 P2 产品上取得较高利润。

P3 产品在区域市场从第 3 年开始出现，需求逐步上升；从 P3 产品的价格上分析，第 3 年到第 8 年 P3 产品虽有一些波动，但是价格总体走势是上升的，第 8 年价格达到最高。从上述分析可知，在区域市场中，P3 产品在企业经营中属于中期主打产品，第 3 年在该市场出现但需求量偏少，但中后期需求量很大且价格较高，在中后期企业可以通过 P3 产品获得较高的利润。

P4 产品在区域市场从第 4 年开始出现，需求每年都有上升；从 P4 产品的价格上分析，该产品价格逐年上升，第 6 年、第 7 年上升幅度较大，第 8 年有所回落。从上述分析可知，在区域市场中，P4 产品在企业经营中属于后期产品，第 4 年在该市场出现但需求量偏少，且后期需求量上升不快，但是价格较高，在后期企业可以考虑在该市场销售 P4 产品。

5.1.3 国内市场分析

国内市场最快可以在虚拟企业经营第 2 年年末开发完成，第 3 年年初可以在该市场销售产品，因此该市场也是虚拟企业初期和中期的主要市场之一。从图 5 - 5、图 5 - 6 可以分析各产品大致的需求量和价格走势。

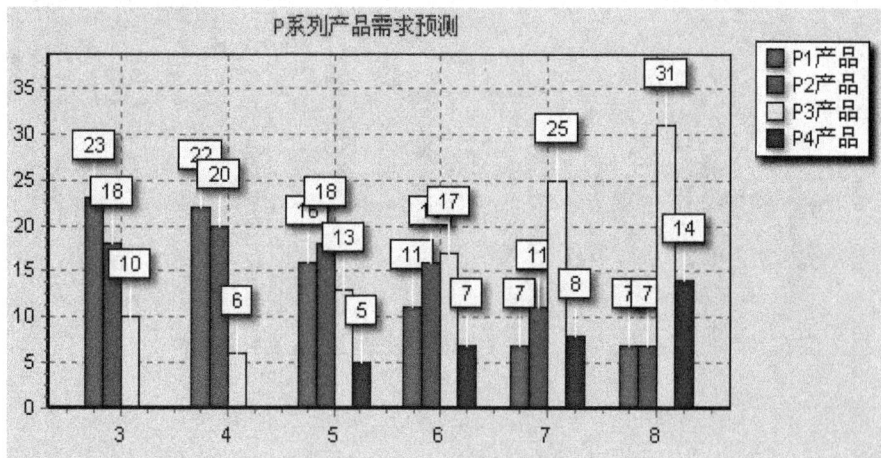

图 5 - 5　国内市场产品需求量分析

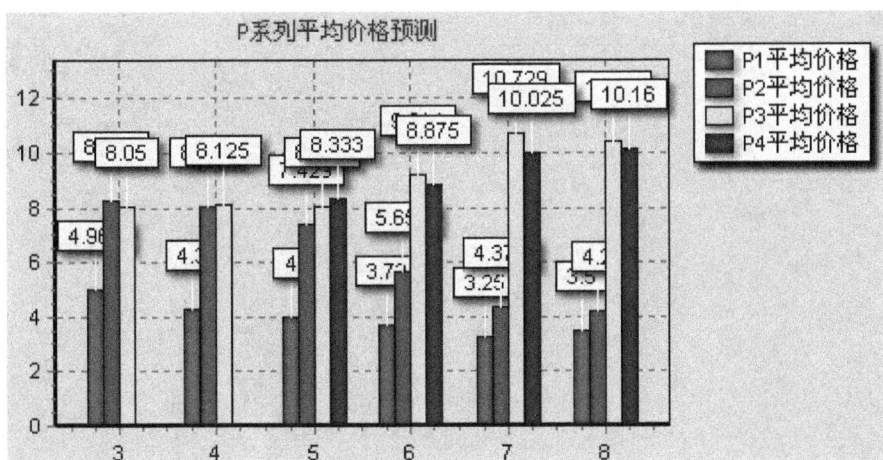

图 5－6　国内市场产品价格分析

　　P1 产品的需求量第 3 年最高，逐年下降，第 5 年有较大幅度的下降，总体需求量偏低；从 P1 产品的价格上分析，第 3 年到第 8 年价格比较平稳，波动不大，总体呈下降趋势。从上述分析可知，在国内市场中，P1 产品属于被市场所淘汰的产品，虽然价格变化不大，但是需求总量很小且日益萎缩，虚拟企业无法靠 P1 产品取得高额利润。

　　P2 产品在国内市场从第 3 年开始出现，需求量先升后降，第 7、第 8 年需求量下降明显；从 P2 产品的价格上分析，P2 产品的价格逐年下降。从上述分析可知，在国内市场中，P2 产品在企业经营中属于中期过渡型产品，在企业经营后期被市场所淘汰，需求和价格都有所下降，虚拟企业在中后期无法从 P2 产品上取得较高利润。

　　P3 产品在国内市场从第 3 年开始出现，第 4 年有小幅回落，第 5 年开始逐年上升；上升幅度明显，从 P3 产品的价格上分析，第 3 年到第 5 年 P3 产品价格比较平稳，第 6 年价格上升较大。从上述分析可知，在国内市场中，P3 产品在企业经营中属于中后期主打产品，第 3 年在该市场出现但需求量偏少，但第 5 年后需求量很大且价格较高，在中后期企业可以通过 P3 产品获得较高的利润。

　　P4 产品在国内市场从第 5 年开始出现，需求每年都有上升，第 5 年到第 7 年需求量总量比较小，第 8 年才有所上升；从 P4 产品的价格上分析，该产品价格逐年上升，第 7 年、第 8 年价格较高。从上述分析可知，在国内市场中，P4 产品在企业经营中期需求量过少，第 8 年才有所好转，但总体市场需求不高，企业应认真考虑是否在该市场销售 P4 产品。

5.1.4　亚洲市场分析

　　亚洲市场最快可以在虚拟企业经营第 3 年年末开发完成，第 4 年年初可以在该市场销售产品，因此该市场也是虚拟企业中期的主要市场之一。从图 5－7、图 5－8 可以分析各产品大致的需求量和价格走势。

　　P1 产品的需求量第 4 年最高，逐年下降，第 8 年有较大幅度的下降，总体需求量偏低；从 P1 产品的价格上分析，第 3 年到第 8 年价格比较平稳，波动不大，总体呈下降趋

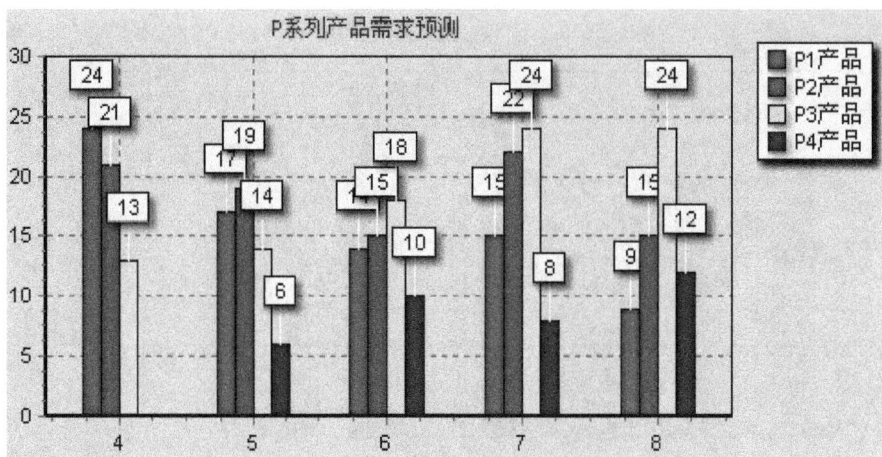

图5-7　亚洲市场产品需求量分析

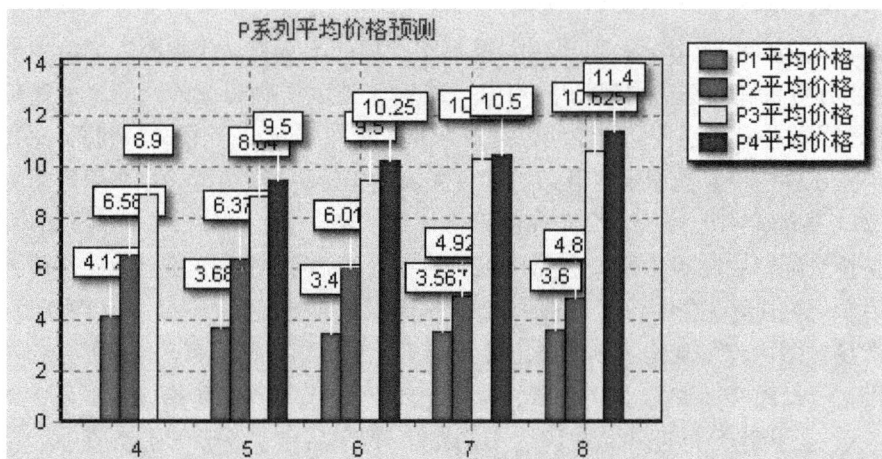

图5-8　亚洲市场产品价格分析

势，而且价格偏低。从上述分析可知，在亚洲市场中，P1产品属于被市场所淘汰的产品，虽然价格变化不大，但是需求总量较小小，价格较低，虚拟企业无法靠P1产品取得高额利润。

P2产品在亚洲市场从第4年开始出现，需求量逐年下降，但第7年有明显回升，第8年又有大幅下降；从P2产品的价格上分析，P2产品的价格比较稳定，总体趋势逐年下降。从上述分析可知，在亚洲市场中，P2产品在该市场属于缓慢淘汰型产品，价格的平均水平一直较低，且需求和价格都有所下降，虚拟企业在中后期无法从P2产品上取得较高利润。

P3产品在亚洲市场从第4年开始出现，需求总体呈上升趋势，且在第6~第7年上升幅度较快，从P3产品的价格上分析，P3产品价格比较平稳，总体呈上升趋势。从上述分析可知，在亚洲市场中，P3产品在企业经营中属于中后期主打产品，第4年在该市场出现且需求量适中,且每年需求量都有很大上升,在中后期企业可以通过 P3 产品获得较高的利润。

P4 产品在亚洲市场从第 5 年开始出现,需求有一定波动而且需求总量较低,从 P4 产品的价格上分析,该产品价格逐年上升,总体价格水平较高。从上述分析可知,在亚洲市场中,P4 产品在企业经营中后期需求量偏少,但价格水平较高,如果该市场 P4 产品竞争较大的话,虚拟企业应认真考虑是否在该市场销售 P4 产品。

5.1.5 国际市场分析

国际市场最快可以在虚拟企业经营第 4 年年末开发完成,第 5 年年初可以在该市场销售产品,因此该市场也是虚拟企业后期的主要市场之一。从图 5-9、图 5-10 可以分析各产品大致的需求量和价格走势。

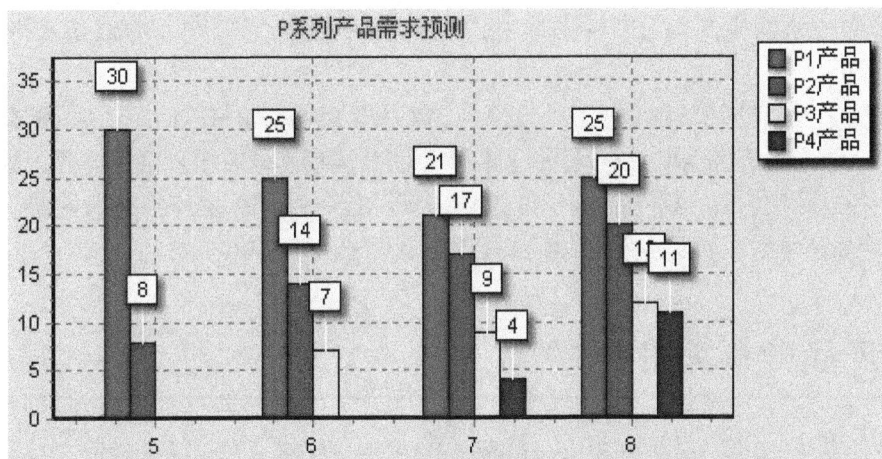

图 5-9 国际市场产品需求量分析

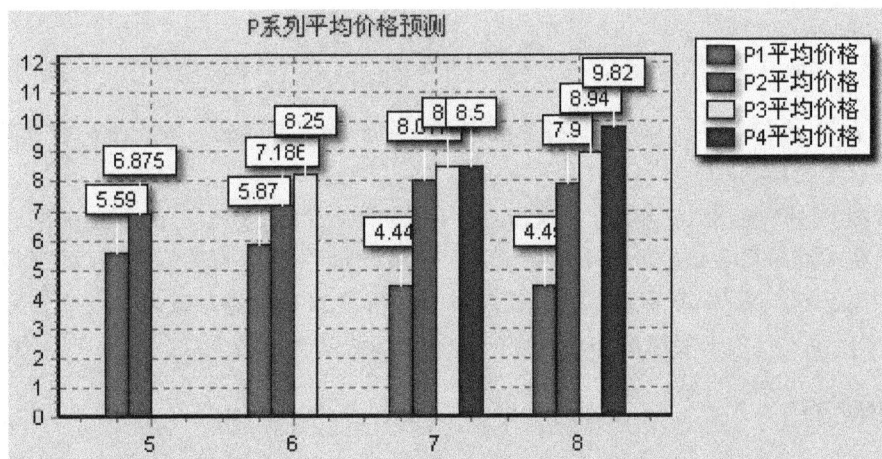

图 5-10 国际市场产品价格分析

P1 产品的需求量第 5 年最高，逐年下降，第 8 年有所回升，总体需求量比较大；从 P1 产品的价格上分析，第 5 年到第 8 年价格比较平稳，波动不大，平均价格相对同期其他市场的 P1 产品比较高。从上述分析可知，在国际市场中，P1 产品属于稳定型产品，需求量和价格都变化不大，但国际市场属于中后期市场，此时 P3、P4 产品都已经有比较明显价格优势。

P2 产品在国际市场从第 5 年开始出现，需求量逐年增加；从 P2 产品的价格上分析，P2 产品的价格比较稳定，相对同期的其他市场价格相对较高。从上述分析可知，在国际市场中，P2 产品在该市场属于稳定型产品，需求比较稳定，价格的平均水平一直较高，虚拟企业在后期可以在国际市场销售 P2 产品以获得较高利润。

P3 产品在国际市场从第 6 年开始出现，总体呈上升趋势，但需求总量较低，从 P3 产品的价格上分析，P3 产品价格比较平稳，总体呈上升趋势，但相对同期其他市场则平均价格偏低。从上述分析可知，在国际市场中，P3 产品在国际市场表现不佳，需求总量和价格都偏低，如果该市场 P3 产品竞争激烈的话，企业应该认真考虑是否进入该市场。

P4 产品在国际市场从第 7 年开始出现，且需求总量低、销售时间短；从 P4 产品的价格上分析，该产品价格逐年上升，总体价格水平相对同期其他市场价格也偏低。从上述分析可知，在国际市场中，P4 产品在国际市场表现不佳，需求总量和价格都偏低，如果该市场 P4 产品竞争激烈的话，企业应该认真考虑是否进入该市场。

5.2 产品分析策略

在对市场进行分析后，虚拟企业同样要对各个产品有精确、敏感的把握，只有明白每一个产品的特点，才能让计划更有针对性，才能在这个基础上去分析对手的思路，最后决定虚拟企业用哪一种战略。下面以 10 组订单模式下分析各个产品在不同市场下的需求量变化和价格走势。

5.2.1 P1 产品

P1 产品在第 1 年和第 2 年都是各个虚拟企业竞争的主要产品。该产品 8 年中在各个市场上的需求量见图 5 – 11。

根据图 5 – 11 显示，在本地、区域、国内、亚洲四个市场中 P1 产品在 4 年后将迅速进入衰退期，需求量大幅降低，单价会在 4M ~ 6M 之间（区域市场价格相对较高）。而国际市场在第 5 年出现 P1 产品后需求量相对较大，价格水平也相对较高。因此如果企业需要销售 P1 产品应注意开发国际市场并及时转移市场或者直接转产。

5.2.2 P2 产品

P2 产品市场价格稳定，在企业虚拟经营的 8 年中，其先后经历成长期，成熟期以及衰退期。该产品 8 年中在各个市场上的需求量见图 5 – 12。

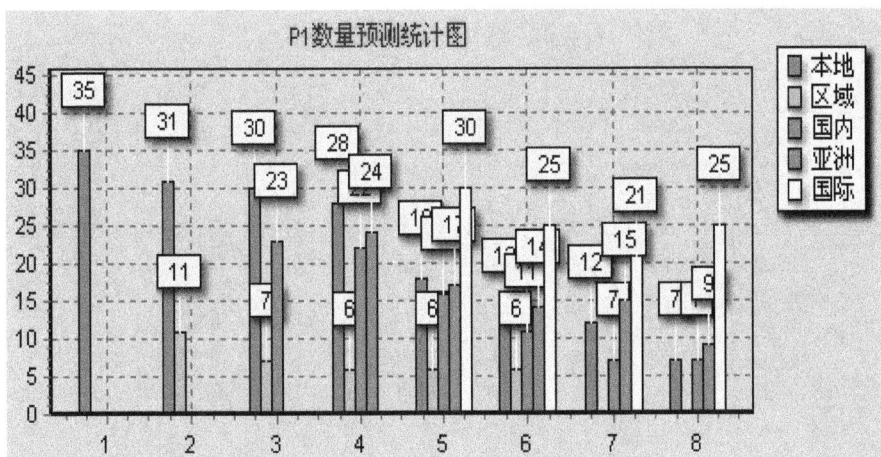

图 5-11 P1 产品在各市场的需求量预测

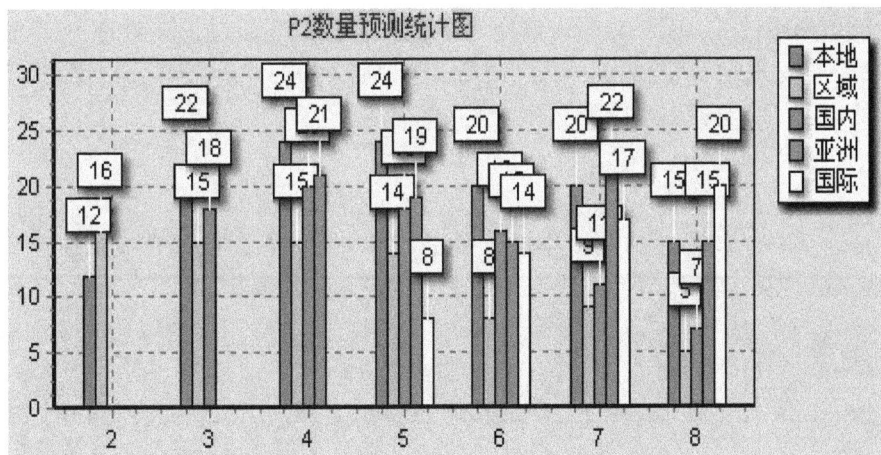

图 5-12 P2 产品在各市场的需求量预测

根据图 5-12 显示，P2 产品在本地、区域、国内市场中第 2、第 3 年进入成长期，需求量快速增长，价格在 6M~7M；第 4、第 5 年进入成熟期，市场需求量比较稳定，大部分市场价格在 8M 以上；第 6 年开始进入衰退期，价格回落至 5M 左右。在亚洲市场，P2 产品需求量较大，但是价格相对偏低（一直在 5M 左右）。在国际市场 P2 产品需求量也较大，而且价格相对较高（平均 8M 左右）。因此销售 P2 产品的企业应注重对国际市场的开发及在该市场的广告投入，如果产量较大的话还应注重对亚洲市场的开发。

5.2.3 P3 产品

P3 是市场上利润空间最大的产品，在虚拟企业的 8 年经营中，主要经历的成长期和成熟期，该产品 8 年中在各个市场上的需求量见图 5-13。

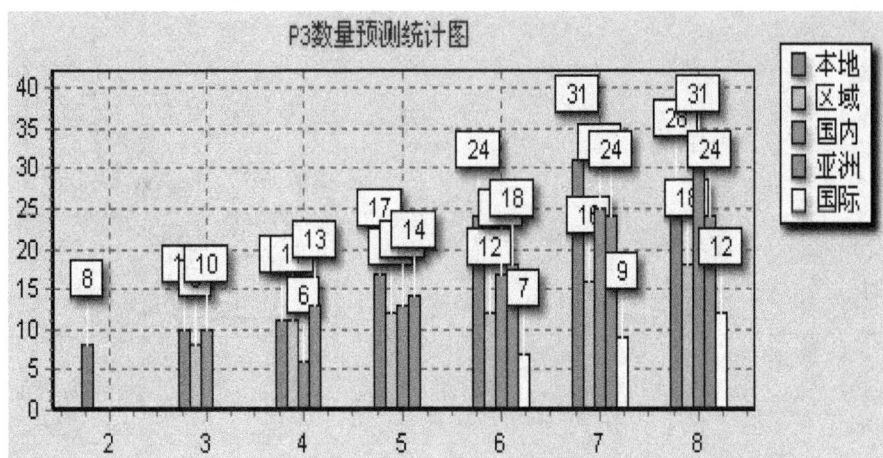

图 5-13 P3 产品在各市场的需求量预测

根据图 5-13 显示，P3 产品在每个市场的需求量都逐年上升，平均价格为 8M ~ 10M，国内和亚洲市场超过了 10M，在国内市场 P3 产品的价格甚至超过了同期的 P4 产品，且成本 P4 产品少 1M。P3 的问题在于：在企业经营的中后期，各个企业都会销售 P3 产品，市场竞争会比较激烈，选择哪个市场将会成为关键。

5.2.4 P4 产品

P4 产品具有投入高、原材料成本高、出现时间晚的特点，在企业虚拟经营 8 年的中后期才进入成长期，该产品 8 年中在各个市场上的需求量见图 5-14。

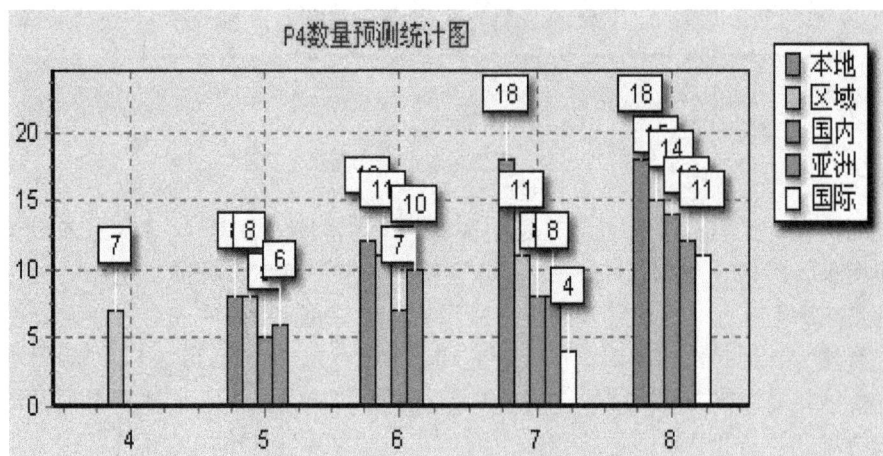

图 5-14 P4 产品在各市场的需求量预测

根据上图显示 P4 产品虽然在第 4 年就可以销售，但是大规模出现还是在第 5 年，国际市场上一直到第 7 年才有 P4 产品出现，每个市场的需求量都逐年上升，第 8 年达到最高点。每个市场的平均价格 10M 左右，其中区域市场和亚洲市场的价格超过了 11M。在企业经营后期 P3 产品竞争激烈的时候，P4 产品是一个不错的选择。

5.3　生产线管理策略

虚拟企业想要扩大产品的市场份额就必须销售大量的产品，因此大规模地生产产品是必不可少的，没有合理的生产线，很可能就出现产品的供给和需求不平衡的现象，给企业带来损失。

根据表 2 – 5、表 2 – 6，可以计算出虚拟企业 4 种生产线生产 4 种产品各自的费用（见表 5 – 1）。

表 5 – 1　生产线生产 4 种产品的费用

生产线	手工	半自动	全自动	柔性
购买价	5M	8M	16M	24M
安装时间	无	2Q	4Q	4Q
生产周期	3Q	2Q	1Q	1Q
变更周期	无	1Q	2Q	无
变更费用	无	1M	4M	无
一条生产线每年设备维修费	1M	1M	1M	1M
生产一个 P1 的加工费	1M	1M	1M	1M
生产一个 P2 的加工费	2M	1M	1M	1M
生产一个 P3 的加工费	3M	2M	1M	1M
生产一个 P4 的加工费	4M	2M	1M	1M
生产一个 P1 的可变成本	2M	2M	2M	2M
生产一个 P2 的可变成本	4M	3M	3M	3M
生产一个 P3 的可变成本	6M	5M	4M	4M
生产一个 P4 的可变成本	7M	6M	5M	5M

图 5 – 15 对 4 条生产线的生产能力和灵活性进行了比较。

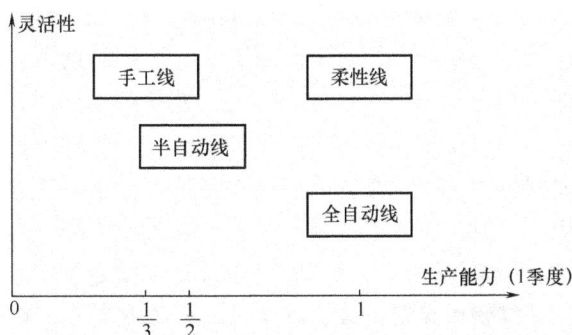

图 5 – 15　4 条生产线生产能力和灵活性的比较

从表 5 - 1 和图 5 - 15 可知，手工线和柔性线的转产周期都为 0 而且不需要转产费用，灵活性最高；全自动线和柔性线 1 个季度可以生产 1 个产品，即 1 年可生产 4 个产品而且产品的加工费相对较低（1M）。

4 条生产线有各自的优缺点：

手工生产线，3 个季度生产 1 个产品，生产率最低，且加工高级产品（如 P3、P4）的加工费用高；和其他生产线相比，每年都需要支付 1M 的维护费用，但是生产率远远不及其他生产线；转产灵活与折旧费低是它的优势。

半自动生产线，2 个季度生产 1 个产品，生产率相对手工线稍高，加工高级产品（如 P3、P4）的加工费用较高；每年需要支付 1M 的维护费用，但是生产率不及全自动线和柔性线；转产费用需要 1M、转产的时间需要 1 个季度，一定程度上限制了它的灵活性。相对而言，是前两年比较实用的生产线。

全自动生产线，1 个季度生产 1 个产品，生产率最高；所有产品的加工费都只要 1M，折旧费用适中。唯一不足的就是灵活性差，转产费用较高（4M），转产周期长（2 个季度），不建议转产。如果虚拟企业产品组合较少，全自动线是一个不错的选择。

柔性线生产线，1 个季度生产 1 个产品，生产率最高；所有产品的加工费都只要 1M；转产不需要转产费用和转产时间，灵活性最高；但是生产线投入大，年折旧很高，因此不建议多安装。

5.4　贷款和现金流控制策略

企业能够正常顺利经营，资金是最基本的保障。如何合理控制资金，主要从以下几方面考虑：

短期贷款的还款周期为 1 年，借贷后主要用于企业的流动资金。因此，企业虚拟经营中，短期贷款主要采用"够用"原则，在进入下一季度或者下一年之前，通盘考虑企业流动资金整体状态，决定是否借贷。

如图 5 - 16 ~ 图 5 - 20，下一年第 1 季度需要偿还短期贷款 40M，利息 2M，但目前现金 41M，扣除年初应纳税金 21M 和广告费后，不够偿还短期贷款，在这样的情况下，应在进入下一季度之前向银行短期贷款 40M，资金整体流动过程为：41M + 40M - 21M - 42M - 广告费。在这样的前提下，新增短期贷款 40M 才能确保现金流的通畅。

长期贷款的还款周期为 6 年，借贷后主要用于固定资产的投资。因此，企业虚拟经营中，长期贷款主要采用"能用"原则，在准备进行固定资产扩建时，结合公司权益来决定是否贷款。

民间融资的还款周期为 1 年，此类贷款只能用于救急，必须在考虑虚拟企业资金可以周转的前提下进行借贷。

因为急需用钱，所以将应收账款向银行进行贴现。虚拟企业中，设定的贴现额度为 7 的倍数，向银行贴现后可以获得 6 的倍数的现金，银行收取 1 的倍数的贴现费。

民间融资与贴现的选择比较：

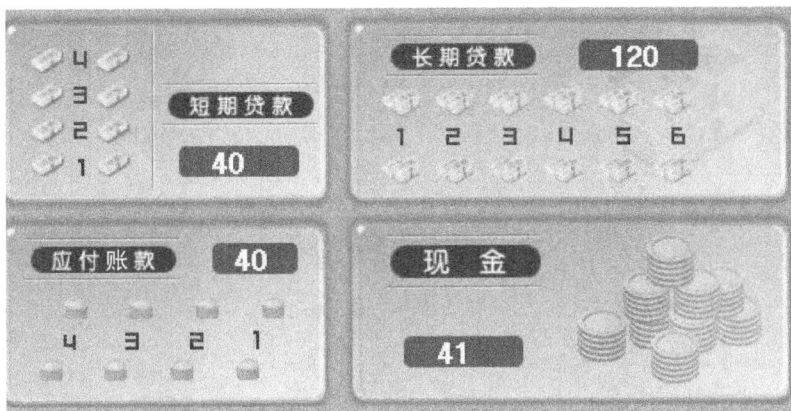

图 5 – 16　现有现金和即将归还的贷款

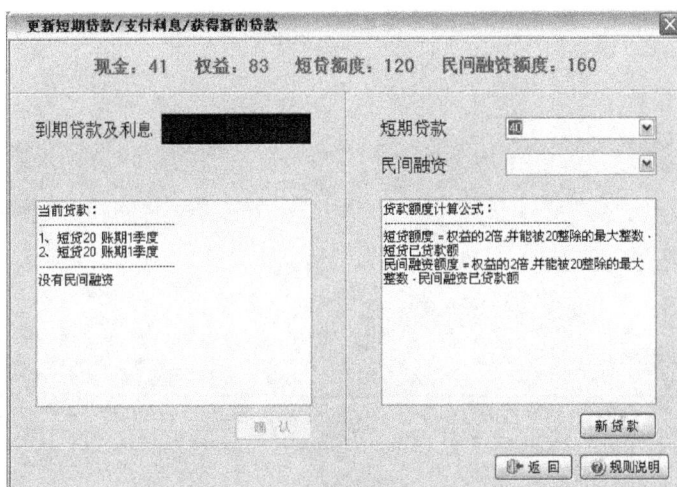

图 5 – 17　短贷 40M

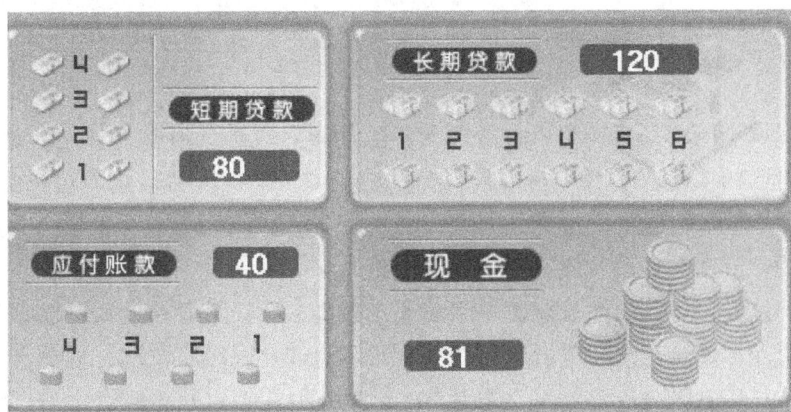

图 5 – 18　短贷后现金成为 81M

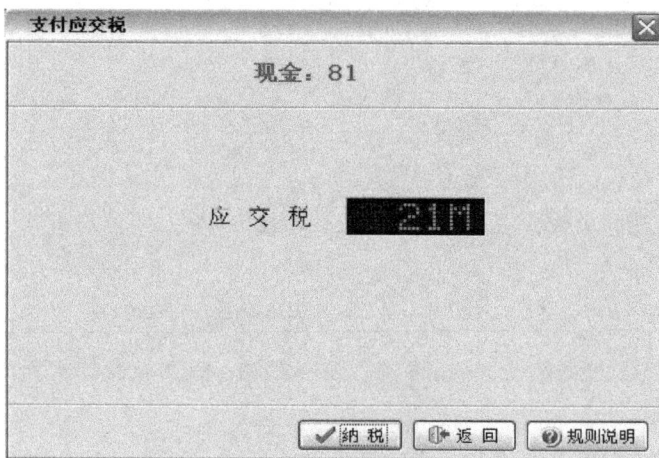

图 5-19　缴纳税金 21M

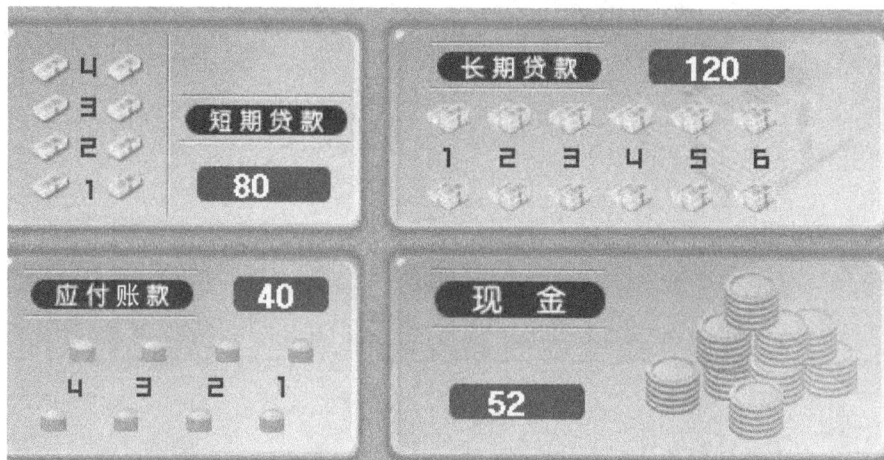

图 5-20　纳税后现金为 52M

　　民间融资属于借别人的钱用于企业经营，虽然利息较高，但是对权益暂时没有影响；而贴现是把自己的钱提前使用，因为需要支付贴现费用，一旦贴现立即对权益产生影响。所以，在资金短缺的情况下，选择民间融资还是短期贷款，首先要考虑需要资金的时候对权益看重与否，其次看自己后期经营中的偿还能力。

　　一个企业经营 8 年，如何控制每一年的现金流量，没有固定的模式可以参考，需要综合分析，并重点考虑企业的所有者权益和经营期。经过分析比较发现，短期贷款、长期贷款、民间融资在借款时一般对所有者不会产生影响，但在支付利息时会影响；贴现则是贴现的当季即会减少权益。8 年的经营，每年面对的资金状态各不相同，前 3 年的经营需要保证资金不断流，因此，保权益是最重要的；第 4 年、第 5 年基本属于扩张期，短贷和长贷需求量较大；第 6 年~第 8 年经营处于稳定期，资金压力不大。

5.5　投放广告策略

广告投放金额可大可小，那到底投放多少适宜呢？一般需要重点考虑成本、市场、竞争者等多方面因素。

1. 成本因素

竞单编号	年度	产品	区域	数量	价格	总计	账期	条件
B04P301/06/F	4	P3	本地	2	7.5	15	2	

图 5-21　订单

以图 5-21 中的订单为例，该订单的直接成本为：材料 2×3M，人工 2×1M，合计为 8M，销售额为 15M，毛利为：15M-8M=7M，还需考虑设备维修费、行政管理费等相关方面的分摊。因此，如果广告投入大于 7M，已经无利。

2. 市场因素

| 竞单年度: | 第 4 年 | | | | 组　数: | 10 组 | |
| 产　品: | P3 | | | | 区　域: | 本地 | |

竞单编号	年度	产品	区域	数量	价格	总计	账期	条件
B04P301/06/F	4	P3	本地	2	7.5	15	2	
B04P302/06/F	4	P3	本地	3	9	27	3	ISO9000
B04P303/06/F	4	P3	本地	1	8	8	1	
B04P304/060	4	P3	本地	3	8.3	25	3	
B04P305/060	4	P3	本地	2	8.5	17	2	

图 5-22　10 组第 4 年本地市场 P3 订单

| 竞单年度: | 第 4 年 | | | | 组　数: | 10 组 | |
| 产　品: | P3 | | | | 区　域: | 区域 | |

竞单编号	年度	产品	区域	数量	价格	总计	账期	条件
Q04P301/060	4	P3	区域	3	7.6	23	2	
Q04P303/06/F	4	P3	区域	1	8	8	3	
Q04P304/06/F	4	P3	区域	2	7.6	15	2	
Q04P305/06/F	4	P3	区域	3	8.3	25	2	
Q04P306/060	4	P3	区域	2	8.5	17	4	

图 5-23　10 组第 4 年区域市场 P3 订单

图 5 - 24　10 组第 4 年国内市场 P3 订单

图 5 - 25　10 组第 4 年亚洲市场 P3 产品订单

从图 5 - 22 ~ 图 5 - 25 中可以看出，第 4 年 P3 市场总需求为 41，订单数为 19，分属 4 个不同市场，在核算成本的基础上，考虑自己的产能，核算出最大产量后，开始考虑广告。产能较大时，则需要在各个市场增加广告投入量，来确保当年的产品都能转化为资金。

3. 竞争者因素

年份	小组	产品	本地	区域	国内	亚洲	国际	合计
3	A	P3	1	1	1	0	0	3
3	B	P3	1	3	0	0	0	4
3	C	P3	0	0	0	0	0	0
3	D	P3	0	0	0	0	0	0
3	E	P3	0	0	0	0	0	0
3	F	P3	1	0	0	0	0	1
3	G	P3	1	1	0	0	0	2
3	H	P3	0	0	0	0	0	0
3	I	P3	0	0	0	0	0	0

图 5 - 26　第 3 年 P3 广告投放情况

第 4 年经营 P3 的共有多少企业，基本可以从上年的竞单步骤中看出，以图 5 - 26 为例，第 3 年有 4 家企业竞争 P3，结合图 5 - 22 ~ 图 5 - 25 的数据分析：19 个订单，41 的需求量，起码有 4 家企业竞争，结合需求订单量后即可考虑广告投放。

5.6　所有者权益分析策略

所有者权益是指所有者在企业资产中享有的经济利益，其金额为总资产减去总负债后的余额。虚拟企业的所有者直接影响模拟企业的贷款额度，对模拟企业的生产运作有至关重要的作用，下面根据"资产 = 负债 + 所有者权益"的会计恒等式，分别分析模拟企业总资产和总负债的构成：

资 产 负 债 表

项目	关系表达式	上年值	当年值	项目	关系表达式	上年值	当年值
固定资产				负债			
土地和建筑	+	32	32	长期负债	+	40	40
机器和设备（含在建工程）	+	10	10	短期负债	+	0	0
总固定资产	=	42	42	应付款	+	0	0
流动资产				应交税	+	2	2
现金	+	20	20	总负债	=	42	42
应收款	+	18	18	权益			
在制品	+	8	8	股东资本	+	45	45
成品	+	8	8	利润留存	+	9	13
原料	+	4	4	年度净利	+	4	0
总流动资产	=	58	58	所有者权益	=	58	58
总资产	=	100	100	负债加权益	=	100	100

图 5 - 27　模拟企业第 1 年资产负债表

5.6.1　虚拟企业总资产

虚拟企业的总资产主要包括固定资产和流动资产两项。

1. 固定资产

固定资产主要包括土地和建筑、机器和设备两项。

（1）土地和建筑

在虚拟企业经营中，土地和建筑表示厂房的价值，其中 A 厂房为 32M，B 厂房为 24M，C 厂房为 12M。

（2）机器和设备

在虚拟企业经营中，机器和设备表示购买的生产线的价值，其中柔性生产线为 24M，全自动生产线为 16M，半自动生产线为 8M，手工生产线为 4M。随着生产线使用年限的增加，生产线会出现贬值。机器和设备表示为生产线的残值的总和。

2. 流动资产

流动资产主要有现金、在制品、成品、原材料四个部分。

（1）现金

即虚拟企业的现金数量。

（2）在制品

即企业生产线上在制品的价值，其中一个 P1 在制品的价值为2M，一个 P2 在制品的价值是3M，一个 P3 在制品的价值是4M，一个 P4 在制品的价值是5M。

（3）成品

即企业成品仓库中成品的价值，其中一个 P1 的价值为2M，一个 P2 的价值是3M，一个 P3 的价值是4M，一个 P4 的价值是5M。

（4）原材料

即企业原材料仓库中原材料的价值，R1、R2、R3、R4 的价值都是1M。

5.6.2 虚拟企业总负债

虚拟企业的总负债主要包括长期负债、短期负债、应付款和应交税四项。

1. 长期负债

虚拟企业的本年度长期贷款数量。

2. 短期负债

虚拟企业的本年度短期贷款数量。

3. 应付款

虚拟企业的本年度应付款数量。

4. 应交税

虚拟企业的本年度应交税数量。

5.6.3 虚拟企业所有者权益的影响因素分析

1. 投放广告

虚拟企业投放广告会使现金减少，从而使总资产变少，导致权益变少。

2. 贷款

无论是长期贷款、短期贷款或者民间融资，都会使负债增加，但是同时现金也会增加，因此贷款不会对权益产生影响，但是归还利息会使现金变少，从而使总资产变少，导致权益变少。

3. 更新应收款/归还应付款

更新应收款会使现金增加、应收款减少；归还应付款会使现金减少、应付款减少，因此无论是更新应收款还是归还应付款，总资产都不会发生变化，所以权益也不会发生变化，但是如果发生贴现，因为要扣除手续费，因此会使权益降低。

4. 接收原材料

接收原材料会使现金变少，但同时会增加原材料资产，因此权益不发生变化。

5. 产品研发

产品研发会使现金减少，从而使总资产变少，导致权益变少。

6. 产品生产

在进行新生产的时候需要支付工人工资并消耗原材料，但是同时会增加在制品资产；产品完工入库的时候在制品资产减少，但是会增加成品资产，所以在新生产和完成生产时权益都不会发生变化。

7. 生产线的购买与调整

在购买生产线时，现金减少而机器和设备价值增加，因此权益不会发生变化；在调整生产线时，由于手工线和柔性线不需要转产费用，因此转产时权益不会发生变化，半自动线和全自动线需要转产费用，因此转产时权益减小；在变卖生产线时，会使现金增加，机器和设备资产减小，如果变卖的设备残值小于变卖的价格，权益会增加，如果变卖的设备残值等于变卖的价格，权益不变，如果变卖的设备残值大于变卖的价格，权益会减小。

8. 交货

在这个过程，产品会以高出成本的价格销售给客户，现金或者应收款会增加，成品资产会变少，权益会上升，上升的幅度为现金或者应收款的增加幅度减去成品资产的减少幅度。

9. 支付管理费用及设备维修费用

这些过程会使现金变少，从而使总资产变少，导致权益减小。

10. 购买租赁厂房

购买厂房会使现金减小，土地和建设资产增加，权益不会发生变化；租赁厂房需要支付租金，现金减小，因此权益也会减少。

11. 计提折旧

折旧时机器和设备的价值会降低，从而导致权益下降。

12. 市场开拓/ISO 认证

现金变少，从而使总资产变少，导致权益减小。

单元6

企业经营沙盘实战案例

【学习目标】

完成企业经营沙盘中经营策略的训练，能够综合运用经营策略开展企业经营活动，企业经营沙盘推演水平得到显著提升。

【学习内容】

虚拟企业市场分析策略、产品分析策略、投放广告策略，企业经营策略的综合运用。

B 模拟企业由 4 位同学组成，分别担任模拟企业的 CEO、CFO、CSO 和 COO 职位。该企业经营稳健，财务控制良好。本次实战采取竞赛的方式，竞赛有 10 个虚拟企业同时参加，每个虚拟企业的经营期均为 8 年。

在企业经营的战略规划会议上，B 企业成员经过激烈的讨论和市场需求分析及竞争对手分析，最终决定第 1 年直接研发 P3 产品，前 4 年 P1 和 P3 产品共同生产，第 5 ~ 第 6 年研发 P4 产品，最终实现 P3 和 P4 共同生产的状态。

6.1 B 企业第 1 年经营

6.1.1 年初任务

1. 支付应缴税

B 企业第 1 年缴税为 2M，交完税后沙盘盘面现金由 20M 变为 18M。

2. 制订广告方案

经过讨论，B 模拟企业决定第 1 年在 P1 产品的本地市场投放广告 10M，现金变为 8M。

3. 参加订单竞单

根据选单情况填写订单登记表（见表 6 – 1）。

4. 制订企业本年度的经营计划

企业准备第 2 年第 2 季度生产 P3 产品，因此第 1 季度就开始研发 P3 产品，共 4 个季度。第 2、3、4 季度分别变卖一条手工生产线，共投资 1 条全自动 P3 生产线和 1 条全自动 P1 生产线。

表 6 - 1　订单登记表

订单号	市场	产品	数量	账期	销售额	成本	毛利	未售
B01P107	本地	P1	6	4	32	12	20	
合 计					32	12	20	

由于企业未来准备生产 P3、P4 产品，所以开拓全部市场。

因为 ISO9000 订单主要从第 4 年开始，所以本年度暂停 ISO9000 认证，只认证 ISO14000。

企业第 1 年的经营情况见表 6 - 2。

表 6 - 2　企业经营情况表

任务清单 请按顺序执行下列各项操作。	每执行完一项操作，CEO 请在上面打钩。 财务总监（助理）在方格中填写现金收支情况。			
支付应交税	-2			
计划新的一年	√			
制订广告方案	-10			
参加订单竞争	√			
短期贷款/支付利息	√	+20	√	√
更新应收款/归还应付款	√	√	+9	+33
接收并支付已订的货物	-2	√	√	√
下原料订单	√	√	√	√
产品研发投资	-2	-2	-2	-2
更新生产/完工入库	√	√	√	√
购买或调整生产线	√	+1/ -4	+1/ -8	+1/ -8
开始新的生产	-1	-1	√	-1
交货给客户	√	√	√	√
支付行政管理费用	-1	-1	-1	-1
长期贷款				-4/ +60
支付设备维修费				-1
购买（或租赁）厂房				√
折旧				√
市场开拓/ISO 资格认证			l	-4/ -1
关账				√

6.1.2 季度任务

1. 第 1 年第 1 季度

（1）归还短期贷款/支付利息

更新应收款应付款，本季度现金预算足够本季度企业经营，因此不需要贷款。

（2）更新应收款/归还应付款

本季度没有应收到期，应收款向前移一个季度。

（3）接收原材料并付款

收到企业上季度定的 R1 原材料 2 个，支付现金 2M，现金剩余 6M，原材料 R1 库存为 6。

（4）下原料订单

本季度原材料比较充足，因此不需要采购原材料。

（5）产品研发投资

研发 P3 产品，现金扣 2M，剩余 4M。

（6）更新生产/完工入库

更新生产，手工线 A－P1－3 完成 1 个 P1 产品，成品库 P1 库存变为 5。

（7）购买或调整生产线

因为 P3 产品还不能生产，所以生产线不做任何变动。

（8）开始新的生产

手工线 A－P1－3 开工，支付 1M 人工费，现金剩余 3M。

（9）交货给客户

产品库存不足，本季度不交货，直接跳过。

（10）支付行政管理费用

企业每季度经营需要支付行政管理费用 1M，现金剩余 2M。

2. 第 1 年第 2 季度

（1）归还短期贷款/支付利息

本季度企业经营现金将不足，因此增加短期贷款 20M，现金剩余 22M。

（2）更新应收款/归还应付款

更新应收款应付款，本季度没有应收款到期，应收款向前移一个季度。

（3）接收原材料并付款

由于上一季度没有下原料订单，因此本季度企业没有原材料到达。原材料 R1 库存
为 5。

（4）下原料订单

由于企业的原材料可以满足下季度生产，因此本季度不采购原材料。

（5）产品研发投资

研发 P3 产品，支付研发费 2M，剩余 20M。

（6）更新生产/完工入库

手工线 A－P1－2 和半自动线 A－P1－4 完成生产，P1 成品增加 2 个。

（7）购买或调整生产线

变卖空余的手工线 A – P1 – 2，现金增加 1M，接着在 A 厂房购买 1 条全自动的 P3 生产线，编号 A – P3 – 5，现金扣 4M，现金变为 17M。

（8）开始新的生产

半自动生产线 A – P1 – 4 已空余，开始新的生产，扣除工人工资 1M，现金变为 16M。

（9）交货给客户

产品 P1 库存存货为 7 个，因此对订单 B01P107 交货，P1 库存变成 1，应收账款由 18M 变成 50M。

（10）支付行政管理费用

企业每季度经营需要支付行政管理费用 1M，现金变为 15M。

3. 第 1 年第 3 季度

（1）归还短期贷款/支付利息

本季度现金预算足够本季度企业经营，因此不需要贷款。

（2）更新应收款/归还应付款

9M 应收款到期，现金变为 24M，应收款变成 41M。

（3）接收原材料并付款

由于上一季度没有下原料订单，因此本季度企业没有原材料到达。原材料 R1 库存为 4。

（4）下原料订单

由于企业的原材料可以满足下季度生产，因此本季度不采购原材料。

（5）产品研发投资

研发 P3 产品，支付研发费扣 2M，剩余 22M。

（6）更新生产/完工入库

手工线 A – P1 – 1 完成 1 个 P1 产品，P1 成品库存变为 2 个。

（7）购买或调整生产线

继续安装 1 条全自动生产线，扣除现金 4M，变卖空余的手工线 A – P1 – 1，现金增加 1M，然后在 A 厂房继续购买 1 条 P1 全自动生产线，编号 A – P1 – 6，扣除现金 4M，最后现金剩余 15M。

（8）开始新的生产

本季度没有空余的生产线，因此不进行生产。

（9）交货给客户

本年度的销售订单已经全部交货，因此不需要再交货，直接点击返回。

（10）支付行政管理费用

企业每季度经营需要支付行政管理费用 1M，现金变为 14M。

4. 第 1 年第 4 季度

（1）归还短期贷款/支付利息

本季度现金预算足够本季度企业经营，因此不需要贷款。

（2）更新应收款/归还应付款

本季度 9M 应收款到期，现金变为 23M，应收款变成 32M。

（3）接收原材料并付款

由于上一季度没有下原料订单，因此本季度企业没有原材料到达。原材料 R1 库存为 4。

（4）下原料订单

由于 P3 自动线已经安装了 2 个季度，考虑到 R3 原材料需要 2 个季度的提前期，因此本季度采购 1 个 R3 原料。

（5）产品研发投资

研发 P3 产品，现金扣 2M，剩余 21M。

（6）更新生产/完工入库

半自动线 A - P1 - 4 和手工线 A - P1 - 3 完成生产，P1 成品库存变为 4 个。

（7）购买或调整生产线

继续安装 2 条全自动生产线，扣除现金 8M，变卖空余的手工线 A - P1 - 3，现金增加 1M，最后现金剩余 14M。

（8）开始新的生产

半自动线空闲，继续生产 P1，支付人工费 1M，现金变为 13M。

（9）交货给客户

本年度的销售订单已经全部交货，因此不需要再交货，直接点击返回。

（10）支付行政管理费用

企业每季度经营需要支付行政管理费用 1M，现金剩余 12M。

6.1.3　年末任务

1. 归还长期贷款

企业初始已有 40M 的长期贷款，因此首先需要偿还 4M 的利息，现金变为 8M。

企业第 1 年已经扩大投入，根据目前模拟企业的财务状况，决定新增加 60M 的长期贷款，现金变为 68M。

2. 支付设备维修费

企业只剩 1 条半自动线，扣除设备维护费 1M，现金剩余 67M。

3. 购买（或租赁）厂房

企业目前仅使用了 A 厂房，而 A 厂房是 B 企业的自有资产，因此不需要支付额外的租金。

4. 计提折旧

企业还剩余 1 条半自动生产线，扣除折旧 4M（折旧影响了固定资产总值，因此扣除的 4M 只减少权益 4，而不减少现金）。

5. 市场开拓/ISO 资格认证

企业对 4 个市场和 ISO14000 进行投入，现金扣除 5M，剩余 62M。

6. 年末关账

企业年终进行盘点，编制资产负债表、损益表和现金收支表等表格（见表 6 - 3 ~ 表 6 - 8）。

表 6 - 3　商品核算统计表

	P1	P2	P3	P4	合计
数量	6				
销售额	32				
成本	12				
毛利	20				

表 6 - 4　综合管理费用明细表

项　目	金　额	备　注
管理费	4	
广告费	10	
维修费	1	
租　金	0	
变更费	0	
市场准入开拓	4	☑区域　☑国内　☑亚洲　☑国际
ISO 资格认证	1	☐ISO9000　☑ISO14000
产品研发	8	P2（　　）　P3（　✓　）　P4（　　　）
合　计	28	

表 6 - 5　固定资产明细表

生产线编号	位置	原值	本期折旧	累计折旧	变动
A - P1 - 1	A	4	1	3	出售
A - P1 - 2	A	4	1	3	出售
A - P1 - 3	A	4	1	3	出售
A - P1 - 4	A	8	1	5	
A - P3 - 5	A	12			安装中
A - P1 - 6	A	8			安装中
合　计		28	4	14	

注　本年度企业生产线 A - P1 - 1、A - P1 - 2、A - P1 - 3 已出售，因此企业的机器设备总价值为 28。

表 6 - 6　资产负债表

资产	年初	年末	负债 + 权益	年初	年末
固定资产			负债		
土地和建筑	32	32	长期负债	40	100
机器和设备	10	23	短期负债	0	20

续表

资产	年初	年末	负债＋权益	年初	年末
总固定资产	42	55	应付款	0	0
流动资产			应交税	2	0
现金	20	62	总负债	42	120
应收款	18	32	权益		
在制品	8	2	股东资本	45	45
成品	8	8	利润留存	9	13
原料	4	3	年度净利	4	−16
总流动资产	58	107	所有者权益	58	42
总资产	100	162	负债＋权益	100	162

表6－7　损益表

	去年	今年
销售收入	36	32
直接成本	−14	−12
毛利	22	20
综合费用	−9	−28
折旧前利润	13	−8
折旧	−5	−4
支付利息前利润	8	−12
财务收入/支出	−2	−4
额外收入/支出	0	0
税前利润	6	−16
所得税	−2	0
净利润	4	−16

表6－8　现金收支表

下表供财务人员记录每期的现金收入和支出情况，便于进行现金流量的管理与统计。

	1	2	3	4
支付上年应交所得税	−2			
广告投入	−10			
贴现费用				
（利息）短期贷款		+20		

	1	2	3	4
原料采购支付现金	-2			
成品采购支付现金				
变更费用				
生产线投资		-4	-8	-8
变卖生产线（+）		+1	+1	+1
工人工资	-1	-1		-1
产品研发	-2	-2	-2	-2
应收款到期（+）			+9	+9
管理费用	-1	-1	-1	-1
变卖原料（+）				
长期贷款及利息				-4／+60
设备维护费				-1
租金				
购买新建筑				
市场开拓投资				-4
ISO 认证投资				-1
其他				
收入总计	0	+21	+10	+70
支出总计	-18	-8	-11	-22
现 金 流 量	-18	+13	-1	48

6.2　B 企业第 2 年经营

6.2.1　年初任务

1. 支付应缴税

因为 B 企业上一年税前利润为 -16M，所以本年度应交税金为 0，盘面现金保持 62M。

2. 制订广告方案

上年 P1 产品库存 4 个，再加上今年 P1 产品全自动线的产量，预计今年共有 7 个 P1 产品。P3 产品的自动线在上年度第 2 季度安装，预计今年 P3 产品能生产 2 个。经过讨论，决定第 2 年在 P1 产品的本地市场投放广告 4M，区域市场投放 3M，P3 本地市场投放 1M，现金剩余 54 M。

3. 参加订单竞单

根据选单情况填写订单登记表（见表6-9）。

表6-9　订单登记表

订单号	市场	产品	数量	账期	销售额	成本	毛利	未售
Q02P104	区域	P1	2	4	10	4	6	
B02P301	本地	P3	2	2	15	8	7	
B02P102	本地	P1	2	3	11	4	7	
合计					36	16	20	

4. 制订企业本年度的经营计划

企业本年度主打产品依然是P1和P3，因此本年度继续研发P3产品，共2个季度。

第1季度将新投入1条全自动P3生产线，第4季度出售半自动线。

由于企业未来准备生产P3、P4产品，所以开拓全部市场。

进行ISO9000和ISO14000认证。

企业第2年的经营情况见表6-10。

表6-10　企业经营情况表

任务清单 请按顺序执行下列各项操作。	每执行完一项操作，CEO请在上面打钩。 财务总监（助理）在方格中填写现金收支情况。			
支付应交税	√			
计划新的一年	√			
制订广告方案	-8			
参加订单竞争	√			
短期贷款/支付利息	√	-21	√	√
更新应收款/归还应付款	√	+32	√	+11
接收并支付已订的货物	√	-3	-3	-3
下原料订单	√	√	√	√
产品研发投资	-2	-2	√	√
更新生产/完工入库	√	√	√	√
购买或调整生产线	-12	-8	-4	+2/ -4
开始新的生产	√	-2	-2	-2
交货给客户	√	√	√	√
支付行政管理费用	-1	-1	-1	-1

任务清单 请按顺序执行下列各项操作。	每执行完一项操作，CEO 请在上面打钩。 财务总监（助理）在方格中填写现金收支情况。			
长期贷款				−10
支付设备维修费				−2
购买（或租赁）厂房				√
折旧				√
市场开拓/ISO 资格认证				−3/−2
关账				√

6.2.2 季度任务

1. 第 2 年第 1 季度

（1）归还短期贷款/支付利息

本季度现有现金 54M，预算足够本季度企业经营，因此不需要贷款。

（2）更新应收款/归还应付款

更新应收款应付款，本季度没有应收到期，应收款向前移一个季度，应收款余额 32M。

（3）接收原材料并付款

上季度采购了 1 个 R3 原料订单，但目前在途，因此原材料没有发生变化。原材料 R1 库存为 3。

（4）下原料订单

1 条 P3 自动线已经安装了 3 个季度，下个季度即可开工，R2 原料需要一个季度的提前期。因此，本季度订购 2 个 R2，1 个 R3。

（5）产品研发投资

研发 P3 产品，现金扣 2M，剩余 52M。

（6）更新生产/完工入库

更新生产，本季度没有产品完工入库。

（7）购买或调整生产线

本年度将加大 P3 的产量，因此本季度新投 1 条 P3 全自动生产线编号 A – P3 – 7，上一年安装的 1 条 P1 和 1 条 P3 继续安装，3 条自动线共支付安装费 12M，现金剩余 40M。

（8）开始新的生产

没有生产线空闲，本季度不进行新的生产。

（9）交货给客户

P1 产品库存足够，Q02P104 和 B02P102 两个单子交货，应收账款变成 53M。

（10）支付行政管理费用

企业每季度经营需要支付行政管理费用 1M，现金剩余 39M。

2. 第 2 年第 2 季度

（1）归还短期贷款/支付利息

归还第 1 年第 2 季度短期贷款 21M（20M 本金 + 1M 利息），现金剩余 18M。

（2）更新应收款/归还应付款

更新应收款应付款，本季度 32M 应收到账，现金变成 50M，应收账款变成 21M。

（3）接收原材料并付款

接收 1 个 R3 和 2 个 R2，支付材料款 3M，现金变成 47M。原材料 R1 库存为 3，R2 库存为 2，R3 库存为 1。

（4）下原料订单

为了维持 P3 自动线的正常生产，本季度订购 2 个 R2，1 个 R3。

（5）产品研发投资

研发 P3 产品，支付研发费 2M，现金剩余 45M。

（6）更新生产/完工入库

半自动线 A – P1 – 4 完成生产，P1 成品增加 1 个，P1 成品库为 1。

（7）购买或调整生产线

更新安装的生产线，1 条 P3 自动生产线安装完成。支付 1 条 P1 全自动生产线和 1 条 P3 全自动线安装费 8M，现金剩余 37M。

（8）开始新的生产

半自动生产线 A – P1 – 4 已空余，全自动生产线 A – P3 – 5 已经安装完成，这两条生产线开始新的生产，扣除工人工资 2M，现金剩余 35M。

（9）交货给客户

产品 P3 库存存货为 0，无法交货。

（10）支付行政管理费用

企业每季度经营需要支付行政管理费用 1M，现金变为 34M。

3. 第 2 年第 3 季度

（1）归还短期贷款/支付利息

本季度现金预算足够本季度企业经营，因此不需要贷款。

（2）更新应收款/归还应付款

本季度无应收应付到期，应收款余额为 21M。

（3）接收原材料并付款

接收上一季度下单的 2 个 R2 和 1 个 R3，付材料费 3M，现金剩余 31M。原材料 R1 库存为 2，R2 库存为 2，R3 库存为 1。

（4）下原料订单

新安装的 P3 全自动生产线将在第 3 年第 1 季度投入生产，R3 原料需要采购，本季度订购 2 个 R2，2 个 R3。

（5）产品研发投资

P3 已经研发完成，本季度不进行新产品研发。

（6）更新生产/完工入库

P3 全自动线完工，P1 成品库存 1 个，P3 成品库存 1 个。

（7）购买或调整生产线

继续安装 1 条 P3 全自动生产线，扣除现金 4M，现金剩余 27M。

（8）开始新的生产

本季度 1 条全自动线 A-P1-6 和 1 条全自动线 A-P3-5 空闲，开工生产，支付 2M 人工费，现金剩余 25M。

（9）交货给客户

P3 成品库存 1 个，无法交货，直接点击返回。

（10）支付行政管理费用

企业每季度经营需要支付行政管理费用 1M，现金变为 24M。

4. 第 2 年第 4 季度

（1）归还短期贷款/支付利息

本季度现金预算足够本季度企业经营，因此不需要贷款。

（2）更新应收款/归还应付款

本季度 11M 应收款到期，现金变为 35M，应收款变成 10M。

（3）接收原材料并付款

接收 2 个 R2 和 1 个 R1，支付 3M 材料费，现金剩余 32M。原材料 R1 库存为 1 个，R2 库存为 2 个，R3 库存为 1 个。

（4）下原料订单

本季度订购 R1 原料 1 个，R2 原料 4 个，R3 原料 2 个。

（5）产品研发投资

P3 已经研发完成，本季度不进行新产品研发。

（6）更新生产/完工入库

半自动线 A-P1-4、全自动线 A-P1-6 和全自动线 A-P3-5 完成生产，P1 成品库存为 3 个，P3 成品库为 2 个。

（7）购买或调整生产线

继续安装 1 条全自动 P3 生产线，扣除现金 4M，变卖空余的半自动线 A-P1-4，现金增加 2M，最后现金剩余 30M。

（8）开始新的生产

1 条全自动线 A-P1-6 和 1 条全自动线 A-P3-5 开工，支付人工费 2M，现金变为 28M。

（9）交货给客户

交 B02P301，总应收款变成 25M。

（10）支付行政管理费用

企业每季度经营需要支付行政管理费用 1M，现金剩余 27M。

6.2.3 年末任务

1. 归还长期贷款

企业已有 100M 的长期贷款，需要偿还 10M 的利息，现金剩余 17M。

2. 支付设备维修费

企业 2 条自动线开工，扣除设备维护费 2M，现金剩余 15M。

3. 购买（或租赁）厂房

企业目前仅使用了 A 厂房，而 A 厂房是 B 企业的自有资产，因此不需要支付额外的租金。

4. 计提折旧

对半自动线进行折旧，扣除折旧费 1M（折旧影响了固定资产总值，因此扣除的 1M只减少权益 1M，而不减少现金）。

5. 市场开拓/ISO 资格认证

企业对 3 个市场和 2 项 ISO 进行开拓和认证，现金扣除 5M，剩余 10M。

6. 年末关账

企业年终进行盘点，编制资产负债表、损益表和现金收支表等表格（见表 6-11 ~ 表6-16）。

表 6-11　商品核算统计表

	P1	P2	P3	P4	合计
数量	4		2		6
销售额	21		15		36
成本	8		8		16
毛利	13		7		20

表 6-12　综合管理费用明细表

项　目	金　额	备　注
管理费	4	
广告费	8	
维修费	2	
租　金	0	
变更费	0	
市场准入开拓	3	□区域　☑国内　☑亚洲　☑国际
ISO 资格认证	2	☑ ISO9000　☑ ISO14000
产品研发	4	P2（　　）P3（ √ ）P4（　　　）
合　计	23	

表6-13　固定资产明细表

生产线编号	位置	原值	本期折旧	累计折旧	变动
A-P1-4	A	8	1	6	变卖
A-P3-5	A	16			
A-P1-6	A	16			
A-P3-6	A	16			
合　计		48	1	6	

注　本年度企业生产线 A-P1-4 已出售，因此企业的机器设备总价值为48。

表6-14　资产负债表

资产	年初	年末	负债+权益	年初	年末
固定资产			负债		
土地和建筑	32	32	长期负债	100	100
机器和设备	23	48	短期负债	20	0
总固定资产	55	80	应付款	0	0
流动资产			应交税	0	0
现金	62	10	总负债	120	100
应收款	32	25	权益		
在制品	2	6	股东资本	45	45
成品	8	6	利润留存	13	-3
原料	3	0	年度净利	-16	-15
总流动资产	107	47	所有者权益	42	27
总资产	162	127	负债+权益	162	127

表6-15　损益表

	去年	今年
销售收入	32	36
直接成本	-12	-16
毛利	20	20
综合费用	-28	-23
折旧前利润	-8	-3
折旧	-4	-1
支付利息前利润	-12	-4
财务收入/支出	-4	-11

续表

	去年	今年
额外收入／支出	0	0
税前利润	−16	−15
所得税	0	0
净利润	−16	−15

表 6 - 16　现金收支表

下表供财务人员记录每期的现金收入和支出情况，便于进行现金流量的管理与统计。

	1	2	3	4
支付上年应交所得税				
广告投入	−8			
贴现费用				
（利息）短期贷款		−21		
原料采购支付现金		−3	−3	−3
成品采购支付现金				
变更费用				
生产线投资	−12	−8	−4	−4
变卖生产线（＋）				+2
工人工资		−2	−2	−2
产品研发	−2	−2		
应收款到期（＋）		+32		+11
管理费用	−1	−1	−1	−1
变卖原料（＋）				
长期贷款及利息				−10
设备维护费				−2
租金				
购买新建筑				
市场开拓投资				−3
ISO 认证投资				−2
其他				
收入总计	0	+32	0	+13
支出总计	−23	−37	−10	−27
现金流量	−23	−5	−10	−14

6.3　B 企业第 3 年经营

6.3.1　年初任务

1. 支付应缴税

B 模拟企业第 2 年年末税前利润为 –15M，所以本年度不需缴纳税金。

2. 制订广告方案

本年度 P1 产品产量加库存为 7 个，P3 产品总产量为 7 个。经过讨论和市场分析，B 企业决定第 3 年在 P1 产品的本地市场投放广告 1M，国内市场 2M；P3 本地市场 1M，区域市场 2M，国内市场 2M，现金剩余 2M。

3. 参加订单竞单

根据选单情况填写订单登记表（见表 6 – 17）。

表 6 – 17　订单登记表

订单号	市场	产品	数量	账期	销售额	成本	毛利	未售
B03P103	本地	P1	4	1	19	8	11	
B03P105	国内	P1	3	4	16	6	10	
B03P304	国内	P3	3	4	24	12	12	
B03P303	本地	P3	1	2	8	4	4	
B03P305	区域	P3	2	3	16	8	8	
合　计					83	38	45	

4. 制订企业本年度的经营计划

企业准备第 3 年继续维持 P1 和 P3 产品共同生产，根据市场竞争状况分析，P3 竞争激烈，因此计划新开 1 条 P1 全自动线和 1 条 P3 全自动线。

由于企业未来准备生产 P3、P4 产品，所以继续开拓剩余市场。进行 ISO9000 和 ISO14000 认证。

企业第 3 年的经营情况见表 6 – 18。

表 6 – 18　企业经营情况表

任务清单	每执行完一项操作，CEO 请在上面打钩。			
请按顺序执行下列各项操作。	财务总监（助理）在方格中填写现金收支情况。			
支付应交税	√			
计划新的一年	√			
制订广告方案	–8			
参加订单竞争	√			

任务清单 请按顺序执行下列各项操作。	每执行完一项操作，CEO 请在上面打钩。 财务总监（助理）在方格中填写现金收支情况。			
短期贷款/支付利息	+20	√	√	√
更新应收款/归还应付款	+10	+34	+8	+60
接收并支付已订的货物	−7	−7	−7	−7
下原料订单	√	√	√	√
产品研发投资	√	√	√	√
更新生产/完工入库	√	√	√	√
购买或调整生产线	−4	−8	−8	−8
开始新的生产	−3	−3	−3	−3
交货给客户	√	√	√	√
支付行政管理费用	−1	−1	−1	−1
长期贷款				−10
支付设备维修费				−3
购买（或租赁）厂房				−2
折旧				√
市场开拓/ISO 资格认证				−2/ −2
关账				√

6.3.2　季度任务

1. 第 3 年第 1 季度

（1）归还短期贷款/支付利息

本季度现金只剩 2M，短期贷款 20M，现金剩余 22M。

（2）更新应收款/归还应付款

更新应收款应付款，本季度 10M 到期，现金剩余 32M，总应收款为 15M。

（3）接收原材料并付款

收到企业上季度订的 R1 原材料 1 个，R2 原料 4 个，R3 原料 2 个，支付现金 7M，现金剩余 25M，原材料 R1 库存变为 1 个，R2 库存为 4 个，R3 库存为 2 个。

（4）下原料订单

本季度有 1 条 P1 全自动线和 2 条 P3 全自动线可生产，因此，本季度订购 1 个 R1，4 个 R2，2 个 R3。

（5）产品研发投资

本季度资金紧张，暂不研发新产品。

（6）更新生产/完工入库

更新生产，2 条自动线完工，成品库 P1 库存变为 4 个，P3 库存变为 1 个。

（7）购买或调整生产线

P1 市场竞争不大，因此投入 1 条 P1 全自动线 A－P1－8。扣除安装费 4M，现金为 21M。

（8）开始新的生产

P3 全自动线 A－P3－7 已经安装完成，因此，3 条全自动线一起开工，支付 3M 人工费，现金剩余 18M。

（9）交货给客户

P1 库存 4 个，P3 库存 1 个，B03P103 和 B03P303 两个单子交货，总应收款为 42M。

（10）支付行政管理费用

企业每季度经营需要支付行政管理费用 1M，现金变为 17M。

2. 第 3 年第 2 季度

（1）归还短期贷款/支付利息

本季度企业将有 34M 应收款到期，经营现金充足，不借款。

（2）更新应收款/归还应付款

更新应收款应付款，本季度 34M 应收款到期，现金剩余 51M，总应收款为 8M。

（3）接收原材料并付款

接收 1 个 R1，4 个 R2，2 个 R3，支付材料费 7M，现金剩余 44M。

（4）下原料订单

本季度有 1 条 P1 全自动线和 2 条 P3 全自动线可生产，因此，本季度订购 1 个 R1，4 个 R2，2 个 R3。

（5）产品研发投资

本季度不进行产品研发。

（6）更新生产/完工入库

3 条自动线完工入库，P1 成品库存 1 个，P3 成品库存 2 个。

（7）购买或调整生产线

从第 4 年开始，P3 市场需求加大，价格提升，因此需要加大 P3 产量，本季度新建 1 条 P3 全自动线 C－P3－9，放入 C 厂房，1 条 P1 全自动线继续安装，共支付安装费 8M，现金剩余 36M。

（8）开始新的生产

3 条全自动线开始新的生产，扣除工人工资 3M，现金变为 33M。

（9）交货给客户

产品 P1 库存 1 个，P3 库存 2 个，因此订单 Q03P305 交货。应收账款由 8M 变成 24M。

（10）支付行政管理费用

企业每季度经营需要支付行政管理费用 1M，现金变为 32M。

3. 第 3 年第 3 季度

（1）归还短期贷款/支付利息

本季度现金预算足够本季度企业经营，因此不需要贷款。

（2）更新应收款/归还应付款

8M 应收款到期，现金变为 40M，应收款变成 16M。

（3）接收原材料并付款

接收 1 个 R1，4 个 R2，2 个 R2，付材料费 7M，现金剩余 33M。

（4）下原料订单

本季度订购原料 1 个 R1，4 个 R2，2 个 R3。

（5）产品研发投资

本季度不进行产品研发。

（6）更新生产/完工入库

3 条全自动线完工，P1 库存为 2 个，P3 库存为 2 个。

（7）购买或调整生产线

继续安装 2 条全自动生产线，扣除现金 8M，现金剩余 25M。

（8）开始新的生产

对 3 条全自动线进行新的生产，支付人工费 3M，现金剩余 22M。

（9）交货给客户

库存产品不足以交货，直接点击返回。

（10）支付行政管理费用

企业每季度经营需要支付行政管理费用 1M，现金变为 21M。

4. 第 3 年第 4 季度

（1）归还短期贷款/支付利息

本季度现金预算不足，因为第 4 年第 1 季度需要偿还短期贷款 21M，因此本季度短期借款 20M，民间融资 40M，现金变为 81M。

（2）更新应收款/归还应付款

本季度无应收款到期，总应收款为 16M。

（3）接收原材料并付款

接收 1 个 R1，4 个 R2，2 个 R3，支付材料费 7M，现金剩余 74M。

（4）下原料订单

新安装的 P1、P3 全自动线下下季度可以投产，因此需要在原来采购任务中加订 1 个 R1 和 1 个 R3，因此，本季度订购 2 个 R1，4 个 R2，3 个 R3。

（5）产品研发投资

本季度不进行产品研发。

（6）更新生产/完工入库

3 条全自动线完成生产，P1 库存为 3 个，P3 库存为 4 个。

（7）购买或调整生产线

继续安装 2 条全自动生产线，扣除现金 8M，现金剩余 66M。

（8）开始新的生产

3 条全自动线继续生产，支付人工费 3M，现金变为 63M。

（9）交货给客户

产品 P1 库存 3 个，P3 库存 4 个，因此订单 B03P105 和 B03P304 交货，P3 库存为 1

个。应收账款由 16M 变成 56M。

（10）支付行政管理费用

企业每季度经营需要支付行政管理费用 1M，现金剩余 62M。

6.3.3 年末任务

1. 归还长期贷款

企业已有 100M 的长期贷款，需要偿还 10M 的利息，现金变为 52M。

2. 支付设备维修费

企业 3 条自动线，扣除设备维护费 3M，现金剩余 49M。

3. 购买（或租赁）厂房

企业已在 C 厂房安装生产线，支付 2M 的厂房租金，现金剩余 47M。

4. 计提折旧

企业有两条自动生产线需要计提折旧，扣除折旧 10M。（折旧影响了固定资产总值，因此扣除的 10M 只减少权益 10M，而不减少现金）

5. 市场开拓/ISO 资格认证

企业对 2 个市场和 ISO9000 和 ISO14000 认证进行投入，现金扣除 4M，剩余 43M。

6. 年末关账

企业年终进行盘点，编制资产负债表、损益表和现金收支表等表格（见表 6-19～表 6-24）。

表 6-19 商品核算统计表

	P1	P2	P3	P4	合计
数量	7		6		13
销售额	35		48		83
成本	14		24		38
毛利	21		24		45

表 6-20 综合管理费用明细表

项 目	金 额	备 注
管理费	4	
广告费	8	
维修费	3	
租 金	2	
变更费		
市场准入开拓	2	☐区域　☐国内　☑亚洲　☑国际
ISO 资格认证	2	☑ISO9000　☑ISO14000
产品研发		P2（　　）　P3（　　）　P4（　　）
合 计	21	

表6-21　固定资产明细表

生产线编号	位置	原值	本期折旧	累计折旧	变动
A－P3－5	A	16	5	5	
A－P1－6	A	16	5	5	
A－P3－7	A	16			
A－P1－8	A	16			安装中
C－P3－9	C	12			安装中
合　计		76	10	10	

表6-22　资产负债表

资产	年初	年末	负债＋权益	年初	年末
固定资产			负债		
土地和建筑	32	32	长期负债	100	100
机器和设备	48	66	短期负债	0	80
总固定资产	80	98	应付款	0	0
流动资产			应交税	0	0
现金	10	43	总负债	100	180
应收款	25	56	权益		
在制品	6	10	股东资本	45	45
成品	6	4	利润留存	－3	－18
原料	0	0	年度净利	－15	4
总流动资产	47	113	所有者权益	27	31
总资产	127	211	负债＋权益	127	211

表6-23　损益表

	去年	今年
销售收入	36	83
直接成本	－16	－38
毛利	20	45
综合费用	－23	－21
折旧前利润	－3	24
折旧	－1	－10

续表

	去年	今年
支付利息前利润	−4	14
财务收入/支出	−11	−10
额外收入/支出	0	0
税前利润	−15	4
所得税	0	0
净利润	−15	4

表 6 − 24 现金收支表

下表供财务人员记录每期的现金收入和支出情况，便于进行现金流量的管理与统计。

	1	2	3	4
支付上年应交所得税				
广告投入	−8			
贴现费用				
（利息）短期贷款	+20			+60
原料采购支付现金	−7	−7	−7	−7
成品采购支付现金				
变更费用				
生产线投资	−4	−8	−8	−8
变卖生产线（+）				
工人工资	−3	−3	−3	−3
产品研发				
应收款到期（+）	+10	+34	+8	
管理费用	−1	−1	−1	−1
变卖原料（+）				
长期贷款及利息				−10
设备维护费				−3
租金				−2
购买新建筑				
市场开拓投资				−2
ISO 认证投资				−2
其他				
收入总计	30	34	8	60
支出总计	−23	−19	−19	−38
现 金 流 量	7	15	−11	22

6.4　B企业第4年经营

6.4.1　年初任务

1. 支付应缴税

B企业第3年年末税前利润4M，扣减以前年度亏损，本年度不需缴纳税金。

2. 制订广告方案

P3市场竞争加剧，本年度加大P3产品的广告投放。经过市场分析和讨论，B企业决定第4年P1产品本地市场投放广告1M，区域市场投放1M，P3本地市场投放3M，区域市场投放3M，国内市场投放3M，亚洲市场投放4M，现金剩余28M。

3. 参加订单竞单

根据选单情况填写订单登记表（见表6-25）。

表6-25　订单登记表

订单号	市场	产品	数量	账期	销售额	成本	毛利	未售
B04P108	本地	P1	5	3	26	10	16	
Q04P305	区域	P3	3	2	25	12	13	
Q04P305	区域	P1	2	2	9	4	5	
B04P301	国内	P3	1	2	9	4	5	
A04P304	亚洲	P3	2	2	20	8	12	
B04P302	本地	P3	3	3	30	12	18	
合　计					119	50	69	

4. 制订企业本年度的经营计划

企业本年度的主打产品是P3，P3产品竞争激烈，接单情况不理想，P4产品暂缓研发，继续开发市场和ISO14000认证。

企业第4年的经营情况见表6-26。

表6-26　企业经营情况表

任务清单 请按顺序执行下列各项操作。	每执行完一项操作，CEO请在上面打钩。 财务总监（助理）在方格中填写现金收支情况。			
支付应交税	√			
计划新的一年	√			
制订广告方案	-15			
参加订单竞争	√			

续表

任务清单 请按顺序执行下列各项操作。	每执行完一项操作，CEO 请在上面打钩。 财务总监（助理）在方格中填写现金收支情况。			
短期贷款/支付利息	−21	+20	+40	+40 −67
更新应收款/归还应付款	+16	√	+29 −6	+33 −6
接收并支付已订的货物	−8	−5	−5	−5
下原料订单	√	√	√	√
产品研发投资	√	√	√	√
更新生产/完工入库	√	√	√	√
购买或调整生产线	−4	√	√	√
开始新的生产	−4	−5	−5	−5
交货给客户	√	√	√	√
支付行政管理费用	−1	−1	−1	−1
长期贷款				−30
支付设备维修费				−5
购买（或租赁）厂房				−2
折旧				√
市场开拓/ISO 资格认证				−1/ −1
关账				√

6.4.2　季度任务

1. 第 4 年第 1 季度

（1）归还短期贷款/支付利息

偿还上年度短期短款 21M，现金剩余 7M。

（2）更新应收款/归还应付款

应收款 16M 到期，现金剩余 23M，总应收款为 40M。

（3）接收原材料并付款

接收 2 个 R1，4 个 R2，2 个 R3，支付材料费 8M，现金剩余 15M。

（4）下原料订单

新安装的 P3 全自动线下一季度可以开工，因此需要在原来的基础上增加 2 个 R2 和 1 个 R3。因此，本季度订购原料为 2 个 R1，6 个 R2，3 个 R3。

（5）产品研发投资

本季度不研发新产品。

（6）更新生产/完工入库

3 条全自动线完工入库。P1 库存为 1，P3 库存为 3。

（7）购买或调整生产线

继续安装 P3 全自动生产线，支付安装费 4M，现金剩余 11M。

（8）开始新的生产

新的 P1 全自动生产线安装完成，4 条全自动全部开工，支付 4M 人工费，现金剩余 7M。

（9）交货给客户

P1 库存 1 个，P3 库存 3 个，B04P301 和 A04P304 订单交货，总应收款为 69M。

（10）支付行政管理费用

企业每季度经营需要支付行政管理费用 1M，现金变为 6M。

2. 第 4 年第 2 季度

（1）归还短期贷款/支付利息

本季度企业经营现金将不够，因此增加短期贷款 20M，现金变为 26M。

（2）更新应收款/归还应付款

更新应收款应付款，本季度没有应收款到期，应收款向前移一个季度。

（3）接收原材料并付款

接收 2 个 R1，6 个 R2，3 个 R3，其中 R2 原材料超过 5 个，下一季度付款。因此，本季度支付 5M 材料费，现金剩余 21M。

（4）下原料订单

本季度订购原料为 2 个 R1，6 个 R2，3 个 R3。

（5）产品研发投资

本季度不进行新产品研发。

（6）更新生产/完工入库

4 条全自动生产线完成生产，P1 库存 2 个，P3 库存 3 个。

（7）购买或调整生产线

市场竞争激烈，不开新的生产线。

（8）开始新的生产

5 条全自动生产线空余，开始新的生产，扣除工人工资 5M，现金变为 16M。

（9）交货给客户

产品 P1 库存为 3 个，P3 库存 2 个，Q04P104 订单交货，应收账款由 69M 变成 78M。

（10）支付行政管理费用

企业每季度经营需要支付行政管理费用 1M，现金剩余 15M。

3. 第 4 年第 3 季度

（1）归还短期贷款/支付利息

本季度现金预算不足，借短期贷款 20M，民间融资 20M，现金剩余 55M。

（2）更新应收款/归还应付款

29M 应收款到期，6M 材料应付款到期，现金变为 78M，应收款变成 49M。

（3）接收原材料并付款

接收 2 个 R1，6 个 R2，3 个 R3，其中 R2 原材料超过 5 个，下一季度付款。因此，本季度支付 5M 材料费，现金剩余 73M。

（4）下原料订单

本季度订购原料为 2 个 R1，6 个 R2，3 个 R3。

（5）产品研发投资

本季度不进行新产品研发。

（6）更新生产/完工入库

5 条全自动生产线完工入库，P1 库存为 4 个，P3 库存为 5 个。

（7）购买或调整生产线

不投建新设备。

（8）开始新的生产

5 条全自动生产线开始新的生产，支付 5M 人工费，现金剩余 68M。

（9）交货给客户

P1 库存 4 个，P3 库存 5 个，订单 Q04P305 交货，总应收款由 49M 变为 74M。

（10）支付行政管理费用

企业每季度经营需要支付行政管理费用 1M，现金变为 67M。

4. 第 4 年第 4 季度

（1）归还短期贷款/支付利息

偿还短期短款 21M，同时偿还民间融资 46M。借短期贷款 20M，民间融资 20M，现金剩余 40M。

（2）更新应收款/归还应付款

本季度 49M 应收款到期，6M 应付款到期，现金变为 83M。总应收款由 74M 变成 25M。

（3）接收原材料并付款

接收 2 个 R1，6 个 R2，3 个 R3，其中 R2 原材料超过 5 个，下一季度付款。因此，本季度支付 5M 材料费，现金剩余 78M。

（4）下原料订单

本季度订购原料为 2 个 R1，6 个 R2，3 个 R3。

（5）产品研发投资

本季度不进行新产品研发。

（6）更新生产/完工入库

5 条全自动生产线完成生产，P1 库存为 6 个，P3 库存为 6 个。

（7）购买或调整生产线

不投建新设备。

（8）开始新的生产

5 条全自动生产线开始新的生产，支付人工费 5M，现金变为 73M。

（9）交货给客户

订单 B04P108 和 B04P302 交货，P3 库存 2 个，总应收款由 25M 变为 81M。

（10）支付行政管理费用

企业每季度经营需要支付行政管理费用1M，现金剩余72M。

6.4.3 年末任务

1. 归还长期贷款

归还长期贷款及利息30M，现金剩余42M。

2. 支付设备维修费

企业5条自动生产线，扣除设备维护费5M，现金剩余37M。

3. 购买（或租赁）厂房

C厂房有生产线，支付2M租金，现金剩余35M。

4. 计提折旧

企业有3条老自动生产线，扣除折旧13M。（折旧影响了固定资产总值，因此扣除的13M只减少权益13M，而不减少现金）

5. 市场开拓/ISO资格认证

企业对国际市场和ISO14000进行投入，现金扣除2M，剩余33M。

6. 年末关账

企业年终进行盘点，编制资产负债表、损益表和现金收支表等表格（见表6-27～表6-32）。

表6-27 商品核算统计表

	P1	P2	P3	P4	合计
数量	7		9		16
销售额	35		84		119
成本	14		36		50
毛利	21		48		69

表6-28 综合管理费用明细表

项 目	金 额	备 注
管理费	4	
广告费	15	
维修费	5	
租金	2	
变更费	0	
市场准入开拓	1	□区域 □国内 □亚洲 ☑国际
ISO资格认证	1	□ISO9000 ☑ISO14000
产品研发	0	P2（ ） P3（ ） P4（ ）
合 计	28	

表6-29 固定资产明细表

生产线编号	位置	原值	本期折旧	累计折旧	变动
A-P3-5	A	16	4	9	
A-P1-6	A	16	4	9	
A-P3-7	A	16	5	5	
A-P1-8	A	16			
C-P3-9	C	16			
合 计		80	13	23	

表6-30 资产负债表

资产	年初	年末	负债+权益	年初	年末
固定资产			负债		
土地和建筑	32	32	长期负债	100	80
机器和设备	66	57	短期负债	80	100
总固定资产	98	89	应付款	0	6
流动资产			应交税	0	0
现金	43	33	总负债	180	186
应收款	56	81	权益		
在制品	10	16	股东资本	45	45
成品	4	8	利润留存	-18	-14
原料	0	0	年度净利	4	10
总流动资产	113	138	所有者权益	31	41
总资产	211	227	负债+权益	211	227

表6-31 损益表

	去年	今年
销售收入	83	119
直接成本	-38	-50
毛利	45	69
综合费用	-21	-28
折旧前利润	24	41
折旧	-10	-13
支付利息前利润	14	28

续表

	去年	今年
财务收入／支出	−10	−18
额外收入／支出	0	0
税前利润	4	10
所得税	0	0
净利润	4	10

表 6－32　现金收支表

下表供财务人员记录每期的现金收入和支出情况，便于进行现金流量的管理与统计。

	1	2	3	4
支付上年应交所得税				
广告投入	−15			
贴现费用				
（利息）短期贷款	−21	+20	+40	+40／−67
原料采购支付现金	−8	−5	−11	−11
成品采购支付现金				
变更费用				
生产线投资	−4			
变卖生产线（＋）				
工人工资	−4	−5	−5	−5
产品研发				
应收款到期（＋）	+16		+29	+49
管理费用	−1	−1	−1	−1
变卖原料（＋）				
长期贷款及利息				−30
设备维护费				−5
租金				−2
购买新建筑				
市场开拓投资				−1
ISO 认证投资				−1
其他				
收入总计	+16	+20	+69	+89
支出总计	−53	−11	−17	−123
现 金 流 量	−37	9	52	−34

6.5　B 企业第 5 年经营

6.5.1　年初任务

1. 支付应缴税

B 企业第 4 年年末税前利润为 10M，扣除以前年度亏损，所以本年度不需纳税。

2. 制订广告方案

经过市场分析与讨论，B 企业决定第 5 年在 P1 产品区域市场投放广告 1M，国际市场投放广告 2M；P3 产品本地市场投放广告 4M，区域市场投放广告 5M，国内市场投放广告 4M，国际市场投放广告 4M。现金剩余 13M。

3. 参加订单竞单

根据广告投放结果，B 企业的广告投放 8M，将第 3 个选单，根据选单情况填写订单登记表（见表 6 - 33）。

表 6 - 33　订单登记表

订单号	市场	产品	数量	账期	销售额	成本	毛利	未售
B04P305	国内	P3	3	4	27	12	15	
B05P302	本地	P3	3	3	29	12	17	
A05P305	亚洲	P3	3	3	30	12	18	
B05P306	国内	P3	2	3	15	8	7	
I05P105	国际	P1	4	4	22	8	14	
I05P103	国际	P1	2	4	12	4	8	
I05P101	国际	P1	2	2	13	4	9	
Q05P308	区域	P3	2	3	19	8	11	
合　计					167	68	99	

4. 制订企业本年度的经营计划

从本年度开始研发 P4 产品，并配备 P4 自动线一条。

企业第 5 年的经营情况见表 6 - 34。

表 6 - 34　企业经营情况表

任务清单	每执行完一项操作，CEO 请在上面打钩。			
请按顺序执行下列各项操作。	财务总监（助理）在方格中填写现金收支情况。			
支付应交税	√			
计划新的一年	√			

任务清单 请按顺序执行下列各项操作。	每执行完一项操作，CEO 请在上面打钩。 财务总监（助理）在方格中填写现金收支情况。			
制订广告方案	− 20			
参加订单竞争	√			
短期贷款/支付利息	+ 20	+60/ − 21	− 44	+40/ − 44
更新应收款/归还应付款	+25/ − 6	− 6	− 6	− 6
接收并支付已订的货物	− 5	− 5	+56/ − 5	+62/ − 5
下原料订单	√	√	√	√
产品研发投资	− 3	− 3	− 3	− 3
更新生产/完工入库	√	√	√	√
购买或调整生产线	√	√	− 4	− 4
开始新的生产	− 5	− 5	− 5	− 5
交货给客户	√	√	√	√
支付行政管理费用	− 1	− 1	− 1	− 1
长期贷款				+20/ − 28
支付设备维修费				− 5
购买（或租赁）厂房				− 15
折旧				− 12
市场开拓/ISO 资格认证				√
关账				√

6.5.2 季度任务

1. 第 5 年第 1 季度

（1）归还短期贷款/支付利息

本季度现金预算不足，借短期贷款 20M，现金剩余 33M。

（2）更新应收款/归还应付款

本季度 25M 应收款到期，6M 材料应付款到期，现金剩余 52M，总应收款由 81M 变为 56M。

（3）接收原材料并付款

接收 2 个 R1，6 个 R2，3 个 R2，其中 R2 原材料超过 5 个，下一季度付款。因此，本季度支付 5M 材料费，现金剩余 47M。

（4）下原料订单

本季度订购原料为 2 个 R1，6 个 R2，3 个 R3。

（5）产品研发投资

研发 P4，现金扣 3M，剩余 44M。

（6）更新生产/完工入库

5 条全自动生产线完工入库，成品库 P1 库存为 2 个，P3 库存为 5 个。

（7）购买或调整生产线

因为 P4 还不能生产，生产线不做任何变动。

（8）开始新的生产

5 条全自动线开工，支付 5M 人工费，现金剩余 39M。

（9）交货给客户

P1 库存 2 个，P3 库存 5 个，A05P305、I05P103 和 Q05P308 三个单子交货，应收由 56M 变成 117M。

（10）支付行政管理费用

企业每季度经营需要支付行政管理费用 1M，现金变为 38M。

2. 第 5 年第 2 季度

（1）归还短期贷款/支付利息

本季度企业经营现金将不够，因此增加短期贷款 20M，民间融资 40M，偿还短期贷款 21M，现金变为 77M。

（2）更新应收款/归还应付款

应付材料费 6M 到期，现金剩余 71M。

（3）接收原材料并付款

接收 2 个 R1，6 个 R2，3 个 R2，其中 R2 原材料超过 5 个，下一季度付款。因此，本季度支付 5M 材料费，现金剩余 66M。

（4）下原料订单

本季度订购原料为 2 个 R1，6 个 R2，3 个 R3。

（5）产品研发投资

研发 P4，现金减少 3M，剩余 63M。

（6）更新生产/完工入库

5 条全自动生产线完成生产，P1 成品库 2 个，P3 成品库 3 个。

（7）购买或调整生产线

本季度不购买生产线。

（8）开始新的生产

5 条自动生产线已空余，开始新的生产，扣除工人工资 5M，现金变为 58M。

（9）交货给客户

产品 P1 库存 2 个，P3 库存 3 个，因此订单 I05P101 和 B05P302 交货，应收账款由 117M 变成 159M。

（10）支付行政管理费用

企业每季度经营需要支付行政管理费用 1M，现金变为 57M。

3. 第 5 年第 3 季度

（1）归还短期贷款/支付利息

偿还短期贷款 21M 和民间融资 23M，现金剩余 13M。

（2）更新应收款/归还应付款

56M 应收款到期，6M 应付材料款到期，现金变为 63M，应收款变成 103M。

（3）接收原材料并付款

接收 2 个 R1，6 个 R2，3 个 R3，其中 R2 原材料超过 5 个，下一季度付款。因此，本季度支付 5M 材料费，现金剩余 58M。

（4）下原料订单

本季度订购原料为 2 个 R1，6 个 R2，3 个 R3。

（5）产品研发投资

研发 P4，现金扣 3M，剩余 55M。

（6）更新生产/完工入库

5 条全自动生产线完工入库，P1 库存为 2 个，P3 库存为 3 个。

（7）购买或调整生产线

P4 已经研发了 2 个季度，因此在 B 厂房开始安装 1 条 P4 全自动生产线，编号 B－P4－10，扣除安装费 4M，现金剩余 51M。

（8）开始新的生产

5 条空余全自动生产线开始新生产，支付 5M 人工费，现金剩余 46M。

（9）交货给客户

P1 库存 2 个，P3 库存 3 个，订单 B05P305 交货，P3 库存为 0，总应收款由 103M 变成 130M。

（10）支付行政管理费用

企业每季度经营需要支付行政管理费用 1M，现金变为 45M。

4. 第 5 年第 4 季度

（1）归还短期贷款/支付利息

偿还短期贷款 21M 以及民间融资 23M，并重新借入短期贷款 40M。现金剩余 41M。

（2）更新应收款/归还应付款

本季度 62M 应收款到期，6M 应付材料费到期，现金变为 97M，应收款变成 68M。

（3）接收原材料并付款

接收 2 个 R1，6 个 R2，3 个 R3，其中 R2 原材料超过 5 个，下一季度付款。因此，本季度支付 5M 材料费，现金剩余 92M。

（4）下原料订单

P1 产品已经进入衰退期，计划下一年进行转产，因此 R1 原料不再采购。本季度订购原料为 6 个 R2，3 个 R3。

（5）产品研发投资

研发 P4，现金扣 3M，剩余 89M。

（6）更新生产/完工入库

5 条全自动生产线完成生产，P1 库存为 4 个，P3 库存为 3 个。

（7）购买或调整生产线

继续安装 P4 全自动生产线，扣除现金 4M，现金剩余 85M。

（8）开始新的生产

5 条全自动生产线继续新的生产，支付人工费 5M，现金变为 80M。

（9）交货给客户

P1 库存 4 个，P3 库存 3 个，订单 I05P105 和 B05P306 交货，P3 成品库剩余 1 个。总应收款由 68M 变成 105M。

（10）支付行政管理费用

企业每季度经营需要支付行政管理费用 1M，现金剩余 79M。

6.5.3　年末任务

1. 归还长期贷款

偿还长期贷款及利息 28M，预计下一年将投建新的生产线，于是增加 20M 的长期贷款，现金变为 71M。

2. 支付设备维修费

企业 5 条自动线，扣除设备维护费 5M，现金剩余 66M。

3. 购买（或租赁）厂房

购买 C 厂房，支付 12M，同时支付 B 厂房租金 3M，现金剩余 51M。

4. 计提折旧

企业 5 条自动生产线，扣除折旧 18M。（折旧影响了固定资产总值，因此扣除的 18M 只减少权益 18M，而不减少现金）

5. 市场开拓/ISO 资格认证

4 个市场和 ISO 系列全部认证完成。

6. 年末关账

企业年终进行盘点，编制资产负债表、损益表和现金收支表等表格（见表 6 - 35 ~ 表 6 - 40）。

表 6 - 35　商品核算统计表

	P1	P2	P3	P4	合计
数量	8		13		21
销售额	47		120		167
成本	16		52		68
毛利	31		68		99

表 6 - 36　综合管理费用明细表

项　目	金　额	备　注
管理费	4	
广告费	20	

项　目	金　额	备　注
维修费	5	
租　金	3	
变更费	0	
市场准入开拓	0	□区域　　□国内　　□亚洲　　□国际
ISO 资格认证	0	□ ISO9000　　□ ISO14000
产品研发	12	P2（　　）　　P3（　　）　　P4（　√　）
合　计	44	

表 6 - 37　固定资产明细表

生产线编号	位置	原值	本期折旧	累计折旧	变动
A - P3 - 5	A	16	2	11	
A - P1 - 6	A	16	2	11	
A - P3 - 7	A	16	4	9	
A - P1 - 8	A	16	5	5	
C - P3 - 9	C	16	5	5	
B - P4 - 10	B	8			
合　计		88	18	41	

表 6 - 38　资产负债表

资产	年初	年末	负债 + 权益	年初	年末
固定资产			负债		
土地和建筑	32	44	长期负债	80	80
机器和设备	57	47	短期负债	100	120
总固定资产	89	91	应付款	6	6
流动资产			应交税	0	1
现金	33	51	总负债	186	207
应收款	81	105	权益		
在制品	16	16	股东资本	45	45
成品	8	4	利润留存	- 14	- 4
原料	0	0	年度净利	10	19
总流动资产	138	176	所有者权益	41	60
总资产	227	267	负债 + 权益	227	267

表 6 – 39　损益表

	去年	今年
销售收入	119	167
直接成本	− 50	− 68
毛利	69	99
综合费用	− 28	− 44
折旧前利润	41	55
折旧	− 13	− 18
支付利息前利润	28	37
财务收入/支出	− 18	− 17
额外收入/支出	0	0
税前利润	10	20
所得税	0	− 1
净利润	10	19

表 6 – 40　现金收支表

下表供财务人员记录每期的现金收入和支出情况，便于进行现金流量的管理与统计。

	1	2	3	4
支付上年应交所得税				
广告投入	− 20			
贴现费用				
（利息）短期贷款	+ 20	+ 60/ − 21	− 44	+ 40/ − 44
原料采购支付现金	− 11	− 11	− 11	− 11
成品采购支付现金				
变更费用				
生产线投资			− 4	− 4
变卖生产线（ +)				
工人工资	− 5	− 5	− 5	− 5
产品研发	− 3	− 3	− 3	− 3
应收款到期（ +)	+ 25		+ 56	+ 62
管理费用	− 1	− 1	− 1	− 1
变卖原料（ +)				
长期贷款及利息				+ 20/ − 28
设备维护费				− 5
租金				− 3

	1	2	3	4
购买新建筑				-12
市场开拓投资				
ISO 认证投资				
其他				
收入总计	+45	+60	+56	+122
支出总计	-40	-41	-68	-116
现金流量	5	19	-12	6

6.6 B 企业第 6 年经营

6.6.1 年初任务

1. 支付应缴税

B 企业第 5 年年末税前利润 20M，扣除以前年度亏损还剩余 3M（= -16 -15 +4 + 10 +20），根据 25% 的纳税比例，本年度需要交纳 1M 税金。现金剩余 50M。

2. 制订广告方案

经过市场和竞争对手分析，小组讨论，B 企业决定第 6 年在 P1 产品的国际市场投放广告 1M，P3 本地市场投放 5M，区域市场投放 4M，国内市场投放 6M，亚洲市场投放 6M，国际市场投放 4M，P4 国际市场投放 1M。现金剩余 23M。

3. 参加订单竞单

根据选单情况填写订单登记表（见表 6-41）。

表 6-41　订单登记表

订单号	市场	产品	数量	账期	销售额	成本	毛利	未售
IO6P101	国际	P1	2	1	11	4	7	
B06P308	国内	P3	3	3	28	12	16	
A06P307	亚洲	P3	3	1	33	12	21	
Q06P305	区域	P3	3	3	28	12	16	
A06P401	亚洲	P4	3	2	30	15	15	
B06P310	本地	P3	3	3	29	12	17	
B06P305	国内	P3	1	1	9	4	5	
合　计					168	71	97	

4. 制订企业本年度的计划

P1 产品已经进入衰退期，本年度将对 P1 自动线进行转产，并投建新的 P4 生产线，准备抢占 P4 市场。

企业第 6 年的经营情况见表 6 - 42。

表 6 - 42 企业经营情况表

任务清单 请按顺序执行下列各项操作。	每执行完一项操作，CEO 请在上面打钩。 财务总监（助理）在方格中填写现金收支情况。			
支付应交税	− 1			
计划新的一年	√			
制订广告方案	− 27			
参加订单竞争	√			
短期贷款/支付利息	+ 60/ − 21	− 67	√	+ 100/ − 42
更新应收款/归还应付款	+ 41	+ 53	+ 42	+ 22
接收并支付已订的货物	− 9	− 9	− 6	− 21
下原料订单	√	√	√	√
产品研发投资	− 3	− 3	√	√
更新生产/完工入库	√	√	√	√
购买或调整生产线	− 8	− 8	− 8	− 8
开始新的生产	− 3	− 3	− 6	− 6
交货给客户	√	√	√	√
支付行政管理费用	− 1	− 1	− 1	− 1
长期贷款				+ 40/ − 8
支付设备维修费				− 6
购买（或租赁）厂房				− 24
折旧				√
市场开拓/ISO 资格认证				√
关账				√

6.6.2 季度任务

1. 第 6 年第 1 季度

（1）归还短期贷款/支付利息

本季度需要偿还短期贷款 21M，现金只剩 2M，因此，需要借入短期贷款 60M。现金剩余62M。

（2）更新应收款/归还应付款

41M应收款到期，6M应付材料款到期，现金剩余97M，总应收款由105M变为64M。

（3）接收原材料并付款

收到企业上季度定的R2原材料6个，R3原料3个，支付现金3M，现金剩余94M。

（4）下原料订单

P4全自动生产线已经安装了2个季度，R3和R4原料需要提前2个季度采购，因此，本季度原材料采购为9个R2，6个R3，6个R4。

（5）产品研发投资

研发P4，现金扣3M，剩余91M。

（6）更新生产/完工入库

更新生产，5条全自动生产线完工入库，成品库P1库存为2，P3库存为4。

（7）购买或调整生产线

2条P1全自动进行转产，支付转产费4M，P4全自动线继续安装，支付安装费4M，现金剩余83M。

（8）开始新的生产

3条P3全自动生产线开始新的生产，支付3M人工费，现金剩余80M。

（9）交货给客户

P1库存2个，P3库存3个，订单IOOP101、A06P307和B06P305交货，成品库存0，总应收款由64M变成117M。

（10）支付行政管理费用

企业每季度经营需要支付行政管理费用1M，现金变为79M。

2. 第6年第2季度

（1）归还短期贷款/支付利息

偿还短期贷款21M和民间融资46M，现金剩余12M。

（2）更新应收款/归还应付款

本季度53M应收款到期，6M应付材料款到期，现金剩余59M，应收款由117变成64M。

（3）接收原材料并付款

收到企业以前订的R2原材料9个，R3原料3个，其中R2原料超过5个，下一季度付款，因此，只需支付现金3M，现金剩余56M。

（4）下原料订单

P4全自动生产线已经安装了3个季度，R3和R4原料需要提前采购，因此，本季度原材料采购为9个R2，6个R3，6个R4。

（5）产品研发投资

研发P4，现金减少3M，剩余53M。

（6）更新生产/完工入库

3条P3全自动线完成生产，P3成品库3个。

（7）购买或调整生产线

2条P1全自动生产线进行转产，支付转产费4M，P4全自动线继续安装，支付安装费4M，现金剩余45M。

（8）开始新的生产

3条P3全自动生产线已空余，开始新的生产，扣除工人工资3M，现金变为42M。

（9）交货给客户

产品P3库存存货为37个，因此订单B01P310交货，P3库存变成0，应收账款由64M变成93M。

（10）支付行政管理费用

企业每季度经营需要支付行政管理费用1M，现金变为41M。

3. 第6年第3季度

（1）归还短期贷款/支付利息

本季度现金预算足够本季度企业经营，因此不需要贷款。

（2）更新应收款/归还应付款

42M应收款到期，6M应付材料费到期，现金变为77M，应收款由93M变成51M。

（3）接收原材料并付款

本季度收到R2原材料9个，R3原料6个，R4原料6个，因为R2、R3、R4原料均超过5个，下一季度付款，因此无需支付现金，现金剩余77M。

（4）下原料订单

本季度原材料采购为9个R2，6个R3，6个R4。

（5）产品研发投资

P4研发完成，暂不进行新产品研发。

（6）更新生产/完工入库

3条全自动生产线完工入库，P3成品库存3个。

（7）购买或调整生产线

加大P4的产量，抢占P4市场，因此本季度在B厂房投入2条P4全自动线B－P4－11和B－P4－12，支付8M的安装费，现金剩余69M。

（8）开始新的生产

2条转产的P4线已经转产完成，1条新安装的P4线已经安装完成，均可投入生产，因此本季度共有6条全自动线投产，支付6M工人工资，现金剩余63M。

（9）交货给客户

P3库存3个，订单B06P308交货，P3库存变为0，应收款由51M变为79M。

（10）支付行政管理费用

企业每季度经营需要支付行政管理费用1M，现金变为62M。

4. 第6年第4季度

（1）归还短期贷款/支付利息

偿还短期贷款42M，现金剩余20M，不够本季度运营，因此借入短期贷款60M，民间融资40M。现金剩余120M。

（2）更新应收款/归还应付款

本季度 22M 应收款到期，21 应付材料费到期，现金变为 121M，应收款由 79M 变为 57M。

（3）接收原材料并付款

本季度收到 R2 原材料 9 个，R3 原料 6 个，R4 原料 6 个，因为 R2、R3、R4 原料均超过 5 个，下一季度付款，因此无需支付现金，现金剩余 121M。

（4）下原料订单

本季度原材料采购为 9 个 R2，6 个 R3，6 个 R4。

（5）产品研发投资

P4 研发完成，暂不进行新产品研发。

（6）更新生产/完工入库

6 条自动线均完工入库，P3 库存变为 3 个，P4 库存为 4 个。

（7）购买或调整生产线

继续安装 2 条 P4 全自动生产线，扣除现金 8M，现金剩余 113M。

（8）开始新的生产

6 条全自动线空闲，继续新的生产，支付人工费 6M，现金变为 107M。

（9）交货给客户

P3 库存 3 个，P4 库存 3 个，订单 Q06P305 和 A06P401 交货，产品库存变为 0，应收款由 57M 变成 115M。

（10）支付行政管理费用

企业每季度经营需要支付行政管理费用 1M，现金剩余 106M。

6.6.3 年末任务

1. 归还长期贷款

支付长期贷款利息 8M，并借入长期短款 40M，现金剩余 138M。

2. 支付设备维修费

6 条全自动线，扣除设备维护费 6M，现金剩余 132M。

3. 购买（或租赁）厂房

B 厂房已经安装了 3 条全自动生产线，为了增加固定资产，购买 B 厂房，支付现金 24M，现金剩余 108M。

4. 计提折旧

企业有 5 条老自动生产线，扣除折旧 14M。（折旧影响了固定资产总值，因此扣除的 14M 只减少权益 14M，而不减少现金）

5. 市场开拓/ISO 资格认证

市场和 ISO 认证全部完成。

6. 年末关账

企业年终进行盘点，编制资产负债表、损益表和现金收支表等表格（见表 6-43～表 6-48）。

表 6-43 商品核算统计表

	P1	P2	P3	P4	合计
数量	2		13	3	18
销售额	11		127	30	168
成本	4		52	15	71
毛利	7		75	15	97

表 6-44 综合管理费用明细表

项 目	金 额	备 注
管理费	4	
广告费	27	
维修费	6	
租 金	0	
变更费	8	
市场准入开拓	0	□区域　□国内　□亚洲　□国际
ISO 资格认证	0	□ISO9000　□ISO14000
产品研发	6	P2（　　）　P3（　　）　P4（　√　）
合 计	51	

表 6-45 固定资产明细表

生产线编号	位置	原值	本期折旧	累计折旧	变动
A-P3-5	A	16	2	13	
A-P1-6	A	16	2	13	转产 P4
A-P3-7	A	16	2	11	
A-P1-8	A	16	4	9	转产 P4
C-P3-9	C	16	4	9	
B-P4-10	B	16			新建
B-P4-11	B	8			安装中
B-P4-12	B	8			安装中
合 计		112	14	55	

表 6-46 资产负债表

资产	年初	年末	负债+权益	年初	年末
固定资产			负债		
土地和建筑	44	68	长期负债	80	120
机器和设备	47	57	短期负债	120	160

资产	年初	年末	负债 + 权益	年初	年末
总固定资产	91	125	应付款	6	21
流动资产			应交税	1	4
现金	51	108	总负债	207	305
应收款	105	115	权益		
在制品	16	27	股东资本	45	45
成品	4	0	利润留存	-4	15
原料	0	0	年度净利	19	10
总流动资产	176	250	所有者权益	60	70
总资产	267	375	负债 + 权益	267	375

表 6-47 损益表

	去年	今年
销售收入	167	168
直接成本	-68	-71
毛利	99	97
综合费用	-44	-51
折旧前利润	55	46
折旧	-18	-14
支付利息前利润	37	32
财务收入/支出	-17	-18
额外收入/支出	0	0
税前利润	20	14
所得税	-1	-4
净利润	19	10

表 6-48 现金收支表

下表供财务人员记录每期的现金收入和支出情况，便于进行现金流量的管理与统计。

	1	2	3	4
支付上年应交所得税	-1			
广告投入	-27			
贴现费用				
（利息）短期贷款	+60/-21	-67		+100/-42

续表

原料采购支付现金	−9	−9	−6	−21
成品采购支付现金				
变更费用	−4	−4		
生产线投资	−4	−4	−8	−8
变卖生产线（+）				
工人工资	−3	−3	−6	−6
产品研发	−3	−3		
应收款到期（+）	+41	+53	+42	+22
管理费用	−1	−1	−1	−1
变卖原料（+）				
长期贷款及利息				+40/−8
设备维护费				−6
租金				
购买新建筑				−24
市场开拓投资				
ISO 认证投资				
其他				
收入总计	+101	+53	+42	+162
支出总计	−73	−91	−21	−116
现 金 流 量	+28	−38	+21	+46

6.7　B 企业第 7 年经营

6.7.1　年初任务

1. 支付应缴税

B 企业第 6 年年末税前利润为 14M，根据 25% 的缴税比例，本年度需要交纳税金为 4M，现金剩余 104M。

2. 制订广告方案

经过市场调查和竞争对手分析，小组讨论，B 企业决定第 7 年 P3 产品的本地市场投放广告 5M，区域市场投放 5M，国内市场投放 6M，亚洲市场投放 5M；P4 产品本地市场投放 4M，区域市场投放 4M，国内市场投放 4M，亚洲市场投放 4M，国际市场投放 1M，现金剩余 66M。

3. 参加订单竞单

根据选单情况填写订单登记表（见表 6 – 49）。

表 6 – 49　订单登记表

订单号	市场	产品	数量	账期	销售额	成本	毛利	未售
I07P404	国际	P4	1	4	10	5	5	
A07P403	亚洲	P4	1	1	10	5	5	
B07P301	国内	P3	4	3	44	16	28	
Q07P308	区域	P3	3	3	28	12	16	
Q07P405	区域	P4	3	4	34	15	19	
A07P301	亚洲	P3	4	4	44	16	28	
A07P405	亚洲	P4	2	3	22	10	12	
B07P404	本地	P4	2	4	22	10	12	
B07P403	国内	P4	2	2	22	10	12	
B07P406	本地	P4	1	0	9	5	4	
Q07P304	区域	P3	1	2	9	4	5	
B07P408	本地	P4	2	4	22	10	12	
合 计					276	118	158	

4. 制订企业本年度的计划

继续生产 P3 和 P4，本年度开始研发 P2。

企业第 7 年的经营情况见表 6 – 50。

表 6 – 50　企业经营情况表

任务清单 请按顺序执行下列各项操作。	每执行完一项操作，CEO 请在上面打钩。 财务总监（助理）在方格中填写现金收支情况。			
支付应交税	– 4			
计划新的一年	√			
制订广告方案	– 38			
参加订单竞争	√			
短期贷款/支付利息	+20/ – 63	√	√	√
更新应收款/归还应付款	+38	+58	+38	+59
接收并支付已订的货物	– 21	– 21	– 12	– 29
下原料订单	√	√	√	√
产品研发投资	– 1	– 1	– 1	– 1

续表

任务清单 请按顺序执行下列各项操作。	每执行完一项操作，CEO 请在上面打钩。 财务总监（助理）在方格中填写现金收支情况。			
更新生产/完工入库	√	√	√	√
购买或调整生产线	− 8	− 8	√	√
开始新的生产	− 6	− 6	− 8	− 8
交货给客户	√	√	√	√
支付行政管理费用	− 1	− 1	− 1	− 1
长期贷款				+80/ − 72
支付设备维修费				− 8
购买（或租赁）厂房				√
折旧				√
市场开拓/ISO 资格认证				√
关账				√

6.7.2 季度任务

1. 第 7 年第 1 季度

（1）归还短期贷款/支付利息

归还短期贷款 63M，现金剩余 3M。无法经营，借入短期贷款 20M，现金剩余 23M。

（2）更新应收款/归还应付款

应收款 38M 到期，21M 应付材料费到期，现金剩余 40M，应收款由 115 变成 77M。

（3）接收原材料并付款

本季度收到 R2 原材料 9 个，R3 原料 6 个，R4 原料 6 个，因为 R2、R3、R4 原料均超过 5 个，下一季度付款，因此无需支付现金。

（4）下原料订单

本季度原材料下单 11 个 R2，8 个 R3，10 个 R4。

（5）产品研发投资

研发 P2，现金扣 1M，剩余 39M。

（6）更新生产/完工入库

更新生产，6 条全自动生产线完工入库，成品库 P3 库存为 3，P4 库存为 3。

（7）购买或调整生产线

继续安装 2 条 P4 全自动生产线，支付安装费 8M，现金剩余 31M。

（8）开始新的生产

6 条全自动生产线开始新的生产，支付 6M 人工费，现金剩余 25M。

（9）交货给客户

P3 库存 3 个，P4 库存 3 个，订单 Q07P308、A07P405 和 B07P406 交货，应收款由

77M 变成 136M。

（10）支付行政管理费用

企业每季度经营需要支付行政管理费用1M，现金变为24M。

2. 第7年第2季度

（1）归还短期贷款/支付利息

本季度企业经营现金充足，不借短期贷款。

（2）更新应收款/归还应付款

58M 应收款到期，21M 应付材料费到期，因此，现金剩余61M，应收款由136M 变成78M。

（3）接收原材料并付款

本季度收到 R2 原材料11 个，R3 原料6 个，R4 原料6 个，因为 R3、R4 原料均超过5 个，下一季度付款，R2 原料超过 10 个，下下季度付款，因此无需支付现金。

（4）下原料订单

本季度原材料下单9 个 R2，8 个 R3，10 个 R4。

（5）产品研发投资

研发 P2，扣除现金1M，剩余60M。

（6）更新生产/完工入库

6 条全自动线完成生产，P3 成品库存3 个，P4 成品库存3 个。

（7）购买或调整生产线

继续安装 2 条 P4 全自动生产线，扣除安装费 8M，现金剩余52M。

（8）开始新的生产

6 条全自动生产线开始新的生产，扣除工人工资 6M，现金变为46M。

（9）交货给客户

产品 P3 库存存货为3 个，P4 库存为3 个，因此订单 A07P403、B07P405 和 Q07P304 交货，P3 库存为2 个，P4 库存为0，应收账款由78M 变成119M。

（10）支付行政管理费用

企业每季度经营需要支付行政管理费用1M，现金变为45M。

3. 第7年第3季度

（1）归还短期贷款/支付利息

本季度现金预算不够本季度企业经营，因此借入短期贷款60M，现金剩余105M。

（2）更新应收款/归还应付款

38M 应收款到期，12M 材料应付款到期，现金变为131M，应收款由119 变成81M。

（3）接收原材料并付款

本季度收到 R2 原材料9 个，R3 原料8 个，R4 原料10 个，因为 R3 原料超过5 个，下一季度付款，R2 和 R4 原料超过 10 个，下下季度付款，因此无需支付现金，现金剩余131M。

（4）下原料订单

本季度原材料下单11 个 R2，8 个 R3，10 个 R4。

（5）产品研发投资

研发 P2，现金支付 1M，剩余 130M。

（6）更新生产/完工入库

6 条全自动生产线完工入库，P3 成品库存变为 5 个，P4 产品库存变为 3 个。

（7）购买或调整生产线

8 条生产线全部安装完成，本季度无需安装，现金剩余 130M。

（8）开始新的生产

8 条全自动生产线空闲，进行新的生产，支付 8M 人工费，现金剩余 122M。

（9）交货给客户

P3 库存 5 个，P4 库存 3 个，订单 B07P301 和 Q07P405 交货，P3 库存 1 个，P4 库存 0 个，应收款由 81M 变成 159M。

（10）支付行政管理费用

企业每季度经营需要支付行政管理费用 1M，现金变为 121M。

4. 第 7 年第 4 季度

（1）归还短期贷款/支付利息

归还短期贷款 63M，民间融资 46M，借入短期贷款 40M，现金剩余 52M。

（2）更新应收款/归还应付款

本季度 59M 应收款到期，29M 材料应付款到期，现金变为 82M，应收款由 159M 变成 100M。

（3）接收原材料并付款

本季度收到 R2 原材料 11 个，R3 原料 8 个，R4 原料 10 个，因为 R3 原料超过 5 个，下一季度付款，R2 和 R4 原料超过 10 个，下下季度付款，因此无需支付现金，现金剩余 82M。

（4）下原料订单

本季度原材料下单 11 个 R2，8 个 R3，10 个 R4。

（5）产品研发投资

研发 P2，现金扣 1M，剩余 81M。

（6）更新生产/完工入库

8 条全自动生产线完成生产，P3 成品库存变为 4 个，P4 库存为 5 个。

（7）购买或调整生产线

生产线全部安装完成。

（8）开始新的生产

8 条全自动线空闲，继续生产 P3 和 P4，支付人工费 8M，现金变为 73M。

（9）交货给客户

P3 成品库存 4 个，P5 成品库存 5 个，订单 I07P404、A07P301、B07P403 和 B07P408 交货，应收款由 100M 变成 198M。

（10）支付行政管理费用

企业每季度经营需要支付行政管理费用 1M，现金剩余 72M。

6.7.3 年末任务

1. 归还长期贷款

归还长期贷款及利息 72M，借入长期贷款 80M。

2. 支付设备维修费

企业有 8 条自动线，扣除设备维护费 8M，现金剩余 72M。

3. 购买（或租赁）厂房

企业已经购买 B 厂房和 C 厂房，无需再购买或支付租金。

4. 计提折旧

企业共有 8 条全自动线在生产，其中 2 条为新建设备，本年度扣除折旧 13M（折旧影响了固定资产总值，因此扣除的 13M 只减少权益 13M，而不减少现金）。

5. 市场开拓/ISO 资格认证

市场开拓和 ISO 认证已经全部完成。

6. 年末关账

企业年终进行盘点，编制资产负债表、损益表和现金收支表等表格（见表 6－51～表 6－56）。

表 6－51　商品核算统计表

	P1	P2	P3	P4	合计
数量			12	14	26
销售额			125	151	276
成本			48	70	118
毛利			77	81	158

表 6－52　综合管理费用明细表

项　目	金　额	备　注
管理费	4	
广告费	38	
维修费	8	
租　金		
变更费		
市场准入开拓		□区域　　□国内　　□亚洲　　□国际
ISO 资格认证		□ISO9000　　□ISO14000
产品研发	4	P2（　√　）　P3（　　　）　P4（　　　）
合　计	54	

表 6 - 53　固定资产明细表

生产线编号	位置	原值	本期折旧	累计折旧	变动
A - P3 - 5	A	16	1	14	
A - P4 - 6	A	16	1	14	
A - P3 - 7	A	16	2	13	
A - P4 - 8	A	16	2	11	
C - P3 - 9	C	16	2	11	
B - P4 - 10	B	16	5	5	
B - P4 - 11	B	16			新建
B - P4 - 12	B	16			新建
合　计		128	13	68	

表 6 - 54　资产负债表

资产	年初	年末	负债 + 权益	年初	年末
固定资产			负债		
土地和建筑	68	68	长期负债	120	140
机器和设备	57	60	短期负债	160	120
总固定资产	125	128	应付款	21	38
流动资产			应交税	4	17
现金	108	72	总负债	305	315
应收款	115	198	权益		
在制品	27	37	股东资本	45	45
成品	0	0	利润留存	15	25
原料	0	0	年度净利	10	50
总流动资产	250	307	所有者权益	70	120
总资产	375	435	负债 + 权益	375	435

表 6 - 55　损益表

	去年	今年
销售收入	168	276
直接成本	-71	-118
毛利	97	158
综合费用	-51	-54
折旧前利润	46	104

续表

	去年	今年
折旧	−14	−13
支付利息前利润	32	91
财务收入/支出	−18	−24
额外收入/支出	0	0
税前利润	14	67
所得税	−4	−17
净利润	10	50

表 6 − 56　现金收支表

下表供财务人员记录每期的现金收入和支出情况，便于进行现金流量的管理与统计。

支付上年应交所得税	−4			
广告投入	−38			
贴现费用				
（利息）短期贷款	+20/−63		+60	+40/−109
原料采购支付现金	−21	−21	−12	−29
成品采购支付现金				
变更费用				
生产线投资	−8	−8		
变卖生产线（+）				
工人工资	−6	−6	−8	−8
产品研发	−1	−1	−1	−1
应收款到期（+）	+38	+58	+38	+59
管理费用	−1	−1	−1	−1
变卖原料（+）				
长期贷款及利息				+80/−72
设备维护费				−8
租金				
购买新建筑				
市场开拓投资				
ISO 认证投资				
其他				
收入总计	+58	+58	+98	+179
支出总计	−142	−37	−22	−228
现 金 流 量	−84	+21	+76	−49

6.8　B 企业第 8 年经营

6.8.1　年初任务

1. 支付应缴税

B 企业第 7 年年末税前利润为 67M，根据 25% 的缴税比例，本年度需要交纳税金为 17M，现金剩余 55M。

2. 制订广告方案

通过市场分析和竞争对手分析，经小组讨论，B 企业决定第 8 年 P3 产品的本地市场投放广告 4M，区域市场 4M，国内市场 4M，亚洲市场 4M，国际市场 4M；P4 产品本地市场 5M，区域市场 5M，国内市场 5M，亚洲市场 5M，国际是市场 4M，现金剩余 11M。

3. 参加订单竞单

根据选单情况填写订单登记表（见表 6 - 57）。

表 6 - 57　订单登记表

订单号	市场	产品	数量	账期	销售额	成本	毛利	未售
A08P405	亚洲	P4	3	4	36	15	21	
I08P404	国际	P4	3	3	31	15	16	
B08P405	本地	P4	3	2	33	15	18	
B08P403	国内	P4	3	3	32	15	17	
Q08P406	区域	P4	4	4	44	20	24	
I08P301	国际	P3	3	4	27	12	15	
A08P305	亚洲	P3	3	3	33	12	21	
B08P403	本地	P4	2	3	22	10	12	
B08P305	本地	P3	3	3	30	12	18	
B08P310	国内	P3	1	1	11	4	7	
B08P309	国内	P3	2	3	24	8	16	
A08P405	亚洲	P4	2	3	23	10	13	
合　计					346	148	198	

4. 制订企业本年度的经营计划

继续维持 P3 和 P4 两种产品的经营，P3 产品目前已经达到成熟期，而 P4 产品刚进入成熟期，市场需求大，价格很高。

企业第 8 年的经营情况见表 6 - 58。

表 6-58　企业经营情况表

任务清单	每执行完一项操作，CEO 请在上面打钩。			
请按顺序执行下列各项操作。	财务总监（助理）在方格中填写现金收支情况。			
支付应交税	-17			
计划新的一年	√			
制订广告方案	-44			
参加订单竞争	√			
短期贷款/支付利息	+40/-21	√	+40/-63	-42
更新应收款/归还应付款	+36	+66	+68	+109
接收并支付已订的货物	-38	-18	-29	-29
下原料订单	√	√	√	√
产品研发投资	-1	-1	√	√
更新生产/完工入库	√	√	√	√
购买或调整生产线	√	√	√	√
开始新的生产	-8	-8	-8	√
交货给客户	√	√	√	√
支付行政管理费用	-1	-1	-1	-1
长期贷款				-14
支付设备维修费				-8
购买（或租赁）厂房				√
折旧				√
市场开拓/ISO 资格认证				√
关账				√

6.8.2　季度任务

1. 第 8 年第 1 季度

（1）归还短期贷款/支付利息

目前现金为 11M，需要偿还短期贷款 21M，贴现 14M 应收账款，扣除贴现费 2M，现金变为 23M，偿还贷款后为 2M，无法满足本季度运营，借入短期贷款 40M，现金变为 42M，应收款由 198M 变为 184M。

（2）更新应收款/归还应付款

本季度应收款 22M 到期，38M 应付材料费到期，现金剩余 26M，应收款由 184M 变为 162M。

（3）接收原材料并付款

本季度收到 R2 原材料 11 个，R3 原料 8 个，R4 原料 10 个，因为 R3 原料超过 5 个，下一季度付款，R2 和 R4 原料超过 10 个，下下季度付款，因此无需支付现金，现金剩余 26M。

（4）下原料订单

本季度原材料下单 11 个 R2，8 个 R3，10 个 R4。

（5）产品研发投资

研发 P2，现金扣 1M，剩余 25M。

（6）更新生产/完工入库

更新生产，8 条全自动生产线完工，P3 成品库存 3 个，P4 成品库存 5 个。

（7）购买或调整生产线

生产线全部安装完成，不需再投入新设备。

（8）开始新的生产

8 条全自动生产线全部开工，支付 8M 人工费，现金剩余 17M。

（9）交货给客户

P3 成品库存 3 个，P4 成品库存 5 个，A08P305 和 B08P405 订单交货，P3 库存为 0，P4 库存为 2 个，应收款由 162M 变为 228M。

（10）支付行政管理费用

企业每季度经营需要支付行政管理费用 1M，现金变为 16M。

2. 第 8 年第 2 季度

（1）归还短期贷款/支付利息

本季度企业经营现金充足，不需贷款。

（2）更新应收款/归还应付款

66M 应收款到期，18M 应付材料费到期，现金剩余 64M，应收款由 228M 变为 162M。

（3）接收原材料并付款

本季度收到 R2 原材料 11 个，R3 原料 8 个，R4 原料 10 个，因为 R3 原料超过 5 个，下一季度付款，R2 和 R4 原料超过 10 个，下下季度付款，因此无需支付现金，现金剩余 64M。

（4）下原料订单

由于企业经营 8 年就结束，所以本季度只需采购 11 个 R2 原料。

（5）产品研发投资

研发 P2，现金扣 1M，剩余 63M。

（6）更新生产/完工入库

8 条全自动线完成生产，P3 成品库存 3 个，P4 成品库存 7 个。

（7）购买或调整生产线

无需购买新的生产线。

（8）开始新的生产

8 条全自动生产线已空余，开始新的生产，扣除工人工资 8M，现金变为 55M。

（9）交货给客户

产品 P3 库存存货为 3 个，P4 库存 7 个，因此订单 B08P310、B08P309、A08P404、

B08P403 和 A08P404 交货，所有成品库存变成 0，应收账款由 162M 变成 273M。

（10）支付行政管理费用

企业每季度经营需要支付行政管理费用 1M，现金变为 54M。

3. 第 8 年第 3 季度

（1）归还短期贷款/支付利息

需要偿还短期贷款 63M，贴现 14M 应收账款，扣除 2M 贴现费，现金变为 3M，借入短期贷款 40M，现金变为 43M，应收款由 273M 变为 259M。

（2）更新应收款/归还应付款

54M 应收款到期，29M 应付材料费到期，现金变为 68M，应收款由 259M 变成 205M。

（3）接收原材料并付款

本季度收到 R2 原材料 11 个，R3 原料 8 个，R4 原料 10 个，因为 R3 原料超过 5 个，下一季度付款，R2 和 R4 原料超过 10 个，下下季度付款，因此无需支付现金，现金剩余 68M。

（4）下原料订单

由于企业的原材料可以满足下季度生产，因此本季度不采购原材料。

（5）产品研发投资

产品全部研发完成。

（6）更新生产/完工入库

8 条全自动生产线完成生产，P3 成品库存 3 个，P4 成品库存 5 个。

（7）购买或调整生产线

生产线全部安装完成，无需购买，现金剩余 68M。

（8）开始新的生产

8 条全自动生产线空闲，开始新的生产，支付 8M 人工费，现金剩余 60M。

（9）交货给客户

P3 成品库存 3 个，P4 成品库存 5 个，订单 A08P405 和 I08P301 交货，P4 库存 2 个。应收款由 205M 变成 268M。

（10）支付行政管理费用

企业每季度经营需要支付行政管理费用 1M，现金变为 59M。

4. 第 8 年第 4 季度

（1）归还短期贷款/支付利息

归还短期贷款 42M，现金剩余 17M。

（2）更新应收款/归还应付款

本季度 109M 应收款到期，29M 应付材料费到期，现金变为 97M，应收款由 268M 变为 159M。

（3）接收原材料并付款

由于上一季度没有下原料订单，因此本季度企业没有原材料到达。

（4）下原料订单

由于企业经营 8 年，本季度无需下原料订单。

（5）产品研发投资

研发全部完成。

（6）更新生产/完工入库

8 条全自动生产线完工入库，P3 成品库存 3 个，P4 成品库存 7 个。

（7）购买或调整生产线

生产线全部安装完成，无需购买新生产线。

（8）开始新的生产

8 年经营将结束，不开工生产。

（9）交货给客户

P3 成品库存 3 个，P4 成品库存 7 个，订单 B08P403、Q08P406 和 B08P305 交货，应收款由 159M 变为 265M。

（10）支付行政管理费用

企业每季度经营需要支付行政管理费用 1M，现金剩余 96M。

6.8.3　年末任务

1. 归还长期贷款

企业已有 140M 的长期贷款，偿还 14M 的利息，现金变为 82M。

2. 支付设备维修费

企业有 8 条全自动线，扣除设备维护费 8M，现金剩余 74M。

3. 购买（或租赁）厂房

企业已经购买 B 和 C 厂房，无需支付租金。

4. 计提折旧

企业有 8 条全自动生产线，扣除折旧 21M。（折旧影响了固定资产总值，因此扣除的 21M 只减少权益 21M，而不减少现金）

5. 市场开拓/ISO 资格认证

市场开拓和 ISO 认证全部完成。

6. 年末关账

企业年终进行盘点，编制资产负债表、损益表和现金收支表等表格（见表 6 - 59 ~ 表 6 - 64）。

表 6 - 59　商品核算统计表

	P1	P2	P3	P4	合计
数量			12	20	32
销售额			125	221	346
成本			48	100	148
毛利			77	121	198

表 6 – 60　综合管理费用明细表

项　目	金　额	备　注
管理费	4	
广告费	44	
维修费	8	
租　金		
变更费		
市场准入开拓		☐区域　☐国内　☐亚洲　☐国际
ISO 资格认证		☐ISO9000　☐ISO14000
产品研发	2	P2（ √ ）　P3（　　）　P4（　　）
合　计	58	

表 6 – 61　固定资产明细表

生产线编号	位置	原值	本期折旧	累计折旧	变动
A – P3 – 5	A	16	1	15	
A – P4 – 6	A	16	1	15	
A – P3 – 7	A	16	1	14	
A – P4 – 8	A	16	2	13	
C – P3 – 9	C	16	2	13	
B – P4 – 10	B	16	4	9	
B – P4 – 11	B	16	5	5	
B – P4 – 12	B	16	5	5	
合　计		128	21	89	

表 6 – 62　资产负债表

资产	年初	年末	负债 + 权益	年初	年末
固定资产			负债		
土地和建筑	68	68	长期负债	140	140
机器和设备	60	39	短期负债	120	80
总固定资产	128	107	应付款	38	11
流动资产			应交税	17	24
现金	72	74	总负债	315	255
应收款	198	265	权益		
在制品	37	0	股东资本	45	45

续表

资产	年初	年末	负债 + 权益	年初	年末
成品	0	0	利润留存	25	75
原料	0	0	年度净利	50	71
总流动资产	307	339	所有者权益	120	191
总资产	435	446	负债 + 权益	435	446

表 6 - 63　损益表

	去年	今年
销售收入	276	346
直接成本	- 118	- 148
毛利	158	198
综合费用	- 54	- 58
折旧前利润	104	140
折旧	- 13	- 21
支付利息前利润	91	119
财务收入/支出	- 24	- 24
额外收入/支出	0	0
税前利润	67	95
所得税	- 17	- 24
净利润	50	71

表 6 - 64　现金收支表

下表供财务人员记录每期的现金收入和支出情况，便于进行现金流量的管理与统计。

	1	2	3	4
支付上年应交所得税	- 17			
广告投入	- 44			
贴现费用	- 2		- 2	
（利息）短期贷款	+40/ - 21		+40/ - 63	- 42
原料采购支付现金	- 38	- 18	- 29	- 29
成品采购支付现金				
变更费用				
生产线投资				
变卖生产线 （+）				

续表

	1	2	3	4
工人工资	−8	−8	−8	
产品研发	−1	−1		
应收款到期（＋）	+36	+66	+68	+109
管理费用	−1	−1	−1	−1
变卖原料（＋）				
长期贷款及利息				−14
设备维护费				−8
租金				
购买新建筑				
市场开拓投资				
ISO 认证投资				
其他				
收入总计	+76	+66	+108	+109
支出总计	−132	−28	−103	−94
现金流量	−56	+38	+5	+15

※B 企业经营小结

B 企业在本轮经营过程中，基本能实现第 1 年年初预定的目标。实际运营中出现了对市场竞争判断失误、资金短缺、资金预算出错等状况，在小组成员的共同努力下，实现了稳中求胜的结果，虽然仅在 10 个团队中排名第二，但是这样的经营策略也是一种新思路。

本经营策略的优点：

（1）直接生产 P3 产品，避免了后期大量生产线转产。

（2）P3 和 P4 的产品组合，有效地分散了市场风险。

（3）第 2 年研发 ISO9000 在经营初期节约了资金，且不影响后期竞单。

本经营策略的缺点：

P1 产品直接转 P3 产品风险较大，因为第 2 年、第 3 年 P3 产品的订单数量比较少，如果同时有几个竞争对手，倒闭风险非常大。

权益前 4 年不会有很大变化，到第 5 年才会上升迅速，容易导致筹资困难。

企业经营沙盘实战训练

【学习目标】

完成企业经营沙盘的综合训练，能够熟练运用沙盘推演企业经营过程，并充分运用企业经营策略进行企业经营运作，使虚拟企业规模不断壮大，经营成果不断增加，经济效益稳步提高。

【学习内容】

虚拟企业经营沙盘推演过程、企业经营策略的综合运用、企业经营效益提高的技巧。

全面运用企业经营策略，通过企业经营沙盘竞赛式实战，综合训练企业经营的技能。要求将企业经营沙盘实战过程中的经营过程和经营成果填写在各经营年度的相应表格内。

7.1 第1年经营

表7-1 经营过程记录表

任务清单 请按顺序执行下列各项操作。	每执行完一项操作，CEO 请在上面打钩。 财务总监（助理）在方格中填写现金收支情况。			
支付应交税	☐			
计划新的一年				
制订广告方案	☐			
参加订单竞争	☐			
短期贷款/支付利息	☐	☐	☐	☐
更新应收款/归还应付款	☐	☐	☐	☐
接收并支付已订的货物	☐	☐	☐	☐
下原料订单	☐	☐	☐	☐
产品研发投资	☐	☐	☐	☐

任务清单	每执行完一项操作，CEO 请在上面打钩。			
请按顺序执行下列各项操作。	财务总监（助理）在方格中填写现金收支情况。			
更新生产/完工入库	☐	☐	☐	☐
购买或调整生产线	☐	☐	☐	☐
开始新的生产	☐	☐	☐	☐
交货给客户	☐	☐	☐	☐
支付行政管理费用	☐	☐	☐	☐
长期贷款				☐
支付设备维修费				☐
购买（或租赁）厂房				☐
折旧				☐
市场开拓/ISO 资格认证				☐
关账				☐

表 7 - 2 订单登记表

订单号	市场	产品	数量	账期	销售额	成本	毛利	未售
合 计								

表 7 - 3 产品核算统计表

	P1	P2	P3	P4	合计
数量					
销售额					
成本					
毛利					

表 7 - 4 综合管理费用明细表

项　目	金　额	备　注
管理费		
广告费		
维修费		
租　金		
变更费		
市场准入开拓		□区域　　□国内　　□亚洲　　□国际
ISO 资格认证		□ISO9000　　□ISO14000
产品研发		P2（　　　）　P3（　　　）　P4（　　　）
合　计		

表 7 - 5 固定资产明细表

生产线编号	位置	原值	本期折旧	累计折旧	变动
合　计					

表 7 - 6 资产负债表

资产	年初	年末	负债 + 权益	年初	年末
固定资产			负债		
土地和建筑			长期负债		
机器和设备			短期负债		
总固定资产			应付款		
流动资产			应交税		
现金			总负债		

资产	年初	年末	负债＋权益	年初	年末
应收款			权益		
在制品			股东资本		
成品			利润留存		
原料			年度净利		
总流动资产			所有者权益		
总资产			负债＋权益		

表 7 - 7　损益表

	去年	今年
销售收入		
直接成本		
毛利		
综合费用		
折旧前利润		
折旧		
支付利息前利润		
财务收入／支出		
额外收入／支出		
税前利润		
所得税		
净利润		

表 7 - 8　现金收支表

下表供财务人员记录每期的现金收入和支出情况，便于进行现金流量的管理与统计。

	1	2	3	4
支付上年应交所得税				
广告投入				
贴现费用				
（利息）短期贷款				
原料采购支付现金				
成品采购支付现金				
变更费用				

续表

	1	2	3	4
生产线投资				
变卖生产线（+）				
工人工资				
产品研发				
应收款到期（+）				
管理费用				
变卖原料（+）				
长期贷款及利息				
设备维护费				
租金				
购买新建筑				
市场开拓投资				
ISO 认证投资				
其他				
收入总计				
支出总计				
现 金 流 量				

要点记录

1.

2.

7.2 第 2 年经营

表 7-9 经营过程记录表

任务清单 请按顺序执行下列各项操作。	每执行完一项操作，CEO 请在上面打钩。 财务总监（助理）在方格中填写现金收支情况。			
支付应交税	☐			
计划新的一年				
制订广告方案	☐			
参加订单竞争	☐			

续表

任务清单 请按顺序执行下列各项操作。	每执行完一项操作，CEO 请在上面打钩。 财务总监（助理）在方格中填写现金收支情况。			
短期贷款/支付利息	☐	☐	☐	☐
更新应收款/归还应付款	☐	☐	☐	☐
接收并支付已订的货物	☐	☐	☐	☐
下原料订单	☐	☐	☐	☐
产品研发投资	☐	☐	☐	☐
更新生产/完工入库	☐	☐	☐	☐
购买或调整生产线	☐	☐	☐	☐
开始新的生产	☐	☐	☐	☐
交货给客户	☐	☐	☐	☐
支付行政管理费用	☐	☐	☐	☐
长期贷款				☐
支付设备维修费				☐
购买（或租赁）厂房				☐
折旧				☐
市场开拓/ISO 资格认证				☐
关账				☐

表 7-10 订单登记表

订单号	市场	产品	数量	账期	销售额	成本	毛利	未售
合计								

表 7-11 产品核算统计表

	P1	P2	P3	P4	合计
数量					
销售额					
成本					
毛利					

表 7 – 12　综合管理费用明细表

项　目	金　额	备　注
管理费		
广告费		
维修费		
租　金		
变更费		
市场准入开拓		☐ 区域　　☐ 国内　　☐ 亚洲　　☐ 国际
ISO 资格认证		☐ ISO9000　　☐ ISO14000
产品研发		P2（　　　）　P3（　　　）　P4（　　　）
合　计		

表 7 – 13　固定资产明细表

生产线编号	位置	原值	本期折旧	累计折旧	变动
合　计					

表 7 – 14　资产负债表

资产	年初	年末	负债 + 权益	年初	年末
固定资产			负债		
土地和建筑			长期负债		
机器和设备			短期负债		
总固定资产			应付款		
流动资产			应交税		
现金			总负债		

资产	年初	年末	负债＋权益	年初	年末
应收款			权益		
在制品			股东资本		
成品			利润留存		
原料			年度净利		
总流动资产			所有者权益		
总资产			负债＋权益		

表 7-15 损益表

	去年	今年
销售收入		
直接成本		
毛利		
综合费用		
折旧前利润		
折旧		
支付利息前利润		
财务收入/支出		
额外收入/支出		
税前利润		
所得税		
净利润		

表 7-16 现金收支表

下表供财务人员记录每期的现金收入和支出情况，便于进行现金流量的管理与统计。

	1	2	3	4
支付上年应交所得税				
广告投入				
贴现费用				
（利息）短期贷款				
原料采购支付现金				
成品采购支付现金				
变更费用				

续表

	1	2	3	4
生产线投资				
变卖生产线（+）				
工人工资				
产品研发				
应收款到期（+）				
管理费用				
变卖原料（+）				
长期贷款及利息				
设备维护费				
租金				
购买新建筑				
市场开拓投资				
ISO 认证投资				
其他				
收入总计				
支出总计				
现 金 流 量				

要点记录

1.

2.

7.3　第 3 年经营

表 7-17　经营过程记录表

任务清单 请按顺序执行下列各项操作。	每执行完一项操作，CEO 请在上面打钩。 财务总监（助理）在方格中填写现金收支情况。			
支付应交税	☐			
计划新的一年				
制订广告方案	☐			
参加订单竞争	☐			

续表

任务清单 请按顺序执行下列各项操作。	每执行完一项操作，CEO 请在上面打钩。 财务总监（助理）在方格中填写现金收支情况。			
短期贷款/支付利息	☐	☐	☐	☐
更新应收款/归还应付款	☐	☐	☐	☐
接收并支付已订的货物	☐	☐	☐	☐
下原料订单	☐	☐	☐	☐
产品研发投资	☐	☐	☐	☐
更新生产/完工入库	☐	☐	☐	☐
购买或调整生产线	☐	☐	☐	☐
开始新的生产	☐	☐	☐	☐
交货给客户	☐	☐	☐	☐
支付行政管理费用	☐	☐	☐	☐
长期贷款				☐
支付设备维修费				☐
购买（或租赁）厂房				☐
折旧				☐
市场开拓/ISO 资格认证				☐
关账				☐

表 7-18　订单登记表

订单号	市场	产品	数量	账期	销售额	成本	毛利	未售
合计								

表 7-19　产品核算统计表

	P1	P2	P3	P4	合计
数量					
销售额					
成本					
毛利					

表 7 - 20　综合管理费用明细表

项　目	金　额	备　注
管理费		
广告费		
维修费		
租　金		
变更费		
市场准入开拓		□区域　　□国内　　□亚洲　　□国际
ISO 资格认证		□ISO9000　　□ISO14000
产品研发		P2（　　　）　P3（　　　）　P4（　　　）
合　计		

表 7 - 21　固定资产明细表

生产线编号	位置	原值	本期折旧	累计折旧	变动
合　计					

表 7 - 22　资产负债表

资产	年初	年末	负债 + 权益	年初	年末
固定资产			负债		
土地和建筑			长期负债		
机器和设备			短期负债		
总固定资产			应付款		
流动资产			应交税		
现金			总负债		

资产	年初	年末	负债＋权益	年初	年末
应收款			权益		
在制品			股东资本		
成品			利润留存		
原料			年度净利		
总流动资产			所有者权益		
总资产			负债＋权益		

表 7－23　损益表

	去年	今年
销售收入		
直接成本		
毛利		
综合费用		
折旧前利润		
折旧		
支付利息前利润		
财务收入／支出		
额外收入／支出		
税前利润		
所得税		
净利润		

表 7－24　现金收支表

下表供财务人员记录每期的现金收入和支出情况，便于进行现金流量的管理与统计。

	1	2	3	4
支付上年应交所得税				
广告投入				
贴现费用				
（利息）短期贷款				
原料采购支付现金				
成品采购支付现金				
变更费用				

续表

	1	2	3	4
生产线投资				
变卖生产线（＋）				
工人工资				
产品研发				
应收款到期（＋）				
管理费用				
变卖原料（＋）				
长期贷款及利息				
设备维护费				
租金				
购买新建筑				
市场开拓投资				
ISO 认证投资				
其他				
收入总计				
支出总计				
现 金 流 量				

要点记录

1.

2.

7.4　第 4 年经营

表 7 – 25　经营过程记录表

任务清单 请按顺序执行下列各项操作。	每执行完一项操作，CEO 请在上面打钩。 财务总监（助理）在方格中填写现金收支情况。			
支付应交税	☐			
计划新的一年				
制订广告方案	☐			
参加订单竞争	☐			

任务清单 请按顺序执行下列各项操作。	每执行完一项操作，CEO请在上面打钩。 财务总监（助理）在方格中填写现金收支情况。			
短期贷款/支付利息	☐	☐	☐	☐
更新应收款/归还应付款	☐	☐	☐	☐
接收并支付已订的货物	☐	☐	☐	☐
下原料订单	☐	☐	☐	☐
产品研发投资	☐	☐	☐	☐
更新生产/完工入库	☐	☐	☐	☐
购买或调整生产线	☐	☐	☐	☐
开始新的生产	☐	☐	☐	☐
交货给客户	☐	☐	☐	☐
支付行政管理费用	☐	☐	☐	☐
长期贷款				☐
支付设备维修费				☐
购买（或租赁）厂房				☐
折旧				☐
市场开拓/ISO资格认证				☐
关账				☐

表 7-26　订单登记表

订单号	市场	产品	数量	账期	销售额	成本	毛利	未售
合计								

表 7-27　产品核算统计表

	P1	P2	P3	P4	合计
数量					
销售额					
成本					
毛利					

表 7 – 28　综合管理费用明细表

项　目	金　额	备　注
管理费		
广告费		
维修费		
租　金		
变更费		
市场准入开拓		□区域　　□国内　　□亚洲　　□国际
ISO 资格认证		□ISO9000　　　□ISO14000
产品研发		P2（　　　）　P3（　　　）　P4（　　　）
合　计		

表 7 – 29　固定资产明细表

生产线编号	位置	原值	本期折旧	累计折旧	变动
合　计					

表 7 – 30　资产负债表

资产	年初	年末	负债 + 权益	年初	年末
固定资产			负债		
土地和建筑			长期负债		
机器和设备			短期负债		
总固定资产			应付款		
流动资产			应交税		
现金			总负债		

资产	年初	年末	负债＋权益	年初	年末
应收款			权益		
在制品			股东资本		
成品			利润留存		
原料			年度净利		
总流动资产			所有者权益		
总资产			负债＋权益		

表 7－31　损益表

	去年	今年
销售收入		
直接成本		
毛利		
综合费用		
折旧前利润		
折旧		
支付利息前利润		
财务收入／支出		
额外收入／支出		
税前利润		
所得税		
净利润		

表 7－32　现金收支表

下表供财务人员记录每期的现金收入和支出情况，便于进行现金流量的管理与统计。

	1	2	3	4
支付上年应交所得税				
广告投入				
贴现费用				
（利息）短期贷款				
原料采购支付现金				
成品采购支付现金				
变更费用				

续表

	1	2	3	4
生产线投资				
变卖生产线（＋）				
工人工资				
产品研发				
应收款到期（＋）				
管理费用				
变卖原料（＋）				
长期贷款及利息				
设备维护费				
租金				
购买新建筑				
市场开拓投资				
ISO 认证投资				
其他				
收入总计				
支出总计				
现　金　流　量				

要点记录

1.

2.

7.5　第 5 年经营

表 7 - 33　经营过程记录

表任务清单 请按顺序执行下列各项操作。	每执行完一项操作，CEO 请在上面打钩。 财务总监（助理）在方格中填写现金收支情况。			
支付应交税	☐			
计划新的一年				
制订广告方案	☐			
参加订单竞争	☐			

表任务清单 请按顺序执行下列各项操作。	每执行完一项操作，CEO 请在上面打钩。 财务总监（助理）在方格中填写现金收支情况。			
短期贷款/支付利息	☐	☐	☐	☐
更新应收款/归还应付款	☐	☐	☐	☐
接收并支付已订的货物	☐	☐	☐	☐
下原料订单	☐	☐	☐	☐
产品研发投资	☐	☐	☐	☐
更新生产/完工入库	☐	☐	☐	☐
购买或调整生产线	☐	☐	☐	☐
开始新的生产	☐	☐	☐	☐
交货给客户	☐	☐	☐	☐
支付行政管理费用	☐	☐	☐	☐
长期贷款				☐
支付设备维修费				☐
购买（或租赁）厂房				☐
折旧				☐
市场开拓/ISO 资格认证				☐
关账				☐

表 7-34　订单登记表

订单号	市场	产品	数量	账期	销售额	成本	毛利	未售
合计								

表 7-35　产品核算统计表

	P1	P2	P3	P4	合计
数量					
销售额					
成本					
毛利					

表 7 - 36　综合管理费用明细表

项　目	金　额	备　注
管理费		
广告费		
维修费		
租　金		
变更费		
市场准入开拓		□区域　　□国内　　□亚洲　　□国际
ISO 资格认证		□ISO9000　　□ISO14000
产品研发		P2（　　　）　P3（　　　）　P4（　　　）
合　计		

表 7 - 37　固定资产明细表

生产线编号	位置	原值	本期折旧	累计折旧	变动
合　计					

表 7 - 38　资产负债表

资产	年初	年末	负债＋权益	年初	年末
固定资产			负债		
土地和建筑			长期负债		
机器和设备			短期负债		
总固定资产			应付款		
流动资产			应交税		
现金			总负债		

资产	年初	年末	负债+权益	年初	年末
应收款			权益		
在制品			股东资本		
成品			利润留存		
原料			年度净利		
总流动资产			所有者权益		
总资产			负债+权益		

表 7 - 39 损益表

	去年	今年
销售收入		
直接成本		
毛利		
综合费用		
折旧前利润		
折旧		
支付利息前利润		
财务收入/支出		
额外收入/支出		
税前利润		
所得税		
净利润		

表 7 - 40 现金收支表

下表供财务人员记录每期的现金收入和支出情况，便于进行现金流量的管理与统计。

	1	2	3	4
支付上年应交所得税				
广告投入				
贴现费用				
（利息）短期贷款				
原料采购支付现金				
成品采购支付现金				
变更费用				

续表

	1	2	3	4
生产线投资				
变卖生产线（+）				
工人工资				
产品研发				
应收款到期（+）				
管理费用				
变卖原料（+）				
长期贷款及利息				
设备维护费				
租金				
购买新建筑				
市场开拓投资				
ISO 认证投资				
其他				
收入总计				
支出总计				
现 金 流 量				

要点记录

1.

2.

7.6　第 6 年经营

表 7 - 41　经营过程记录表

任务清单 请按顺序执行下列各项操作。	每执行完一项操作，CEO 请在上面打钩。 财务总监（助理）在方格中填写现金收支情况。			
支付应交税	☐			
计划新的一年				
制订广告方案	☐			
参加订单竞争	☐			

任务清单 请按顺序执行下列各项操作。	每执行完一项操作，CEO 请在上面打钩。 财务总监（助理）在方格中填写现金收支情况。			
短期贷款／支付利息	☐	☐	☐	☐
更新应收款／归还应付款	☐	☐	☐	☐
接收并支付已订的货物	☐	☐	☐	☐
下原料订单	☐	☐	☐	☐
产品研发投资	☐	☐	☐	☐
更新生产／完工入库	☐	☐	☐	☐
购买或调整生产线	☐	☐	☐	☐
开始新的生产	☐	☐	☐	☐
交货给客户	☐	☐	☐	☐
支付行政管理费用	☐	☐	☐	☐
长期贷款				☐
支付设备维修费				☐
购买（或租赁）厂房				☐
折旧				☐
市场开拓／ISO 资格认证				☐
关账				☐

表 7-42 订单登记表

订单号	市场	产品	数量	账期	销售额	成本	毛利	未售
合 计								

表 7-43 产品核算统计表

	P1	P2	P3	P4	合计
数量					
销售额					
成本					
毛利					

表 7 - 44 综合管理费用明细表

项 目	金 额	备 注
管理费		
广告费		
维修费		
租 金		
变更费		
市场准入开拓		□区域　　□国内　　□亚洲　　□国际
ISO 资格认证		□ISO9000　　□ISO14000
产品研发		P2（　　　）　P3（　　　）　P4（　　　）
合 计		

表 7 - 45 固定资产明细表

生产线编号	位置	原值	本期折旧	累计折旧	变动
合 计					

表 7 - 46 资产负债表

资产	年初	年末	负债 + 权益	年初	年末
固定资产			负债		
土地和建筑			长期负债		
机器和设备			短期负债		
总固定资产			应付款		
流动资产			应交税		
现金			总负债		

资产	年初	年末	负债＋权益	年初	年末
应收款			权益		
在制品			股东资本		
成品			利润留存		
原料			年度净利		
总流动资产			所有者权益		
总资产			负债＋权益		

表 7 － 47　损益表

	去年	今年
销售收入		
直接成本		
毛利		
综合费用		
折旧前利润		
折旧		
支付利息前利润		
财务收入/支出		
额外收入/支出		
税前利润		
所得税		
净利润		

表 7 － 48　现金收支表

下表供财务人员记录每期的现金收入和支出情况，便于进行现金流量的管理与统计。

	1	2	3	4
支付上年应交所得税				
广告投入				
贴现费用				
（利息）短期贷款				
原料采购支付现金				
成品采购支付现金				
变更费用				

续表

	1	2	3	4
生产线投资				
变卖生产线（＋）				
工人工资				
产品研发				
应收款到期（＋）				
管理费用				
变卖原料（＋）				
长期贷款及利息				
设备维护费				
租金				
购买新建筑				
市场开拓投资				
ISO 认证投资				
其他				
收入总计				
支出总计				
现 金 流 量				

要点记录

1.

2.

7.7　第 7 年经营

表 7－49　经营过程记录表

任务清单 请按顺序执行下列各项操作。	每执行完一项操作，CEO 请在上面打钩。 财务总监（助理）在方格中填写现金收支情况。			
支付应交税	☐			
计划新的一年				
制订广告方案	☐			
参加订单竞争	☐			

续表

任务清单 请按顺序执行下列各项操作。	每执行完一项操作，CEO 请在上面打钩。 财务总监（助理）在方格中填写现金收支情况。			
短期贷款/支付利息	☐	☐	☐	☐
更新应收款/归还应付款	☐	☐	☐	☐
接收并支付已订的货物	☐	☐	☐	☐
下原料订单	☐	☐	☐	☐
产品研发投资	☐	☐	☐	☐
更新生产/完工入库	☐	☐	☐	☐
购买或调整生产线	☐	☐	☐	☐
开始新的生产	☐	☐	☐	☐
交货给客户	☐	☐	☐	☐
支付行政管理费用	☐	☐	☐	☐
长期贷款				☐
支付设备维修费				☐
购买（或租赁）厂房				☐
折旧				☐
市场开拓/ISO 资格认证				☐
关账				☐

表 7-50　订单登记表

订单号	市场	产品	数量	账期	销售额	成本	毛利	未售
合 计								

表 7-51　产品核算统计表

	P1	P2	P3	P4	合计
数量					
销售额					
成本					
毛利					

表 7 - 52　综合管理费用明细表

项 目	金 额	备 注
管理费		
广告费		
维修费		
租 金		
变更费		
市场准入开拓		□区域　　□国内　　□亚洲　　□国际
ISO 资格认证		□ISO9000　　　□ISO14000
产品研发		P2（　　）　　P3（　　　）　　P4（　　　）
合 计		

表 7 - 53　固定资产明细表

生产线编号	位置	原值	本期折旧	累计折旧	变动
合 计					

表 7 - 54　资产负债表

资产	年初	年末	负债 + 权益	年初	年末
固定资产			负债		
土地和建筑			长期负债		
机器和设备			短期负债		
总固定资产			应付款		
流动资产			应交税		
现金			总负债		

资产	年初	年末	负债+权益	年初	年末
应收款			权益		
在制品			股东资本		
成品			利润留存		
原料			年度净利		
总流动资产			所有者权益		
总资产			负债+权益		

表 7-55　损益表

	去年	今年
销售收入		
直接成本		
毛利		
综合费用		
折旧前利润		
折旧		
支付利息前利润		
财务收入/支出		
额外收入/支出		
税前利润		
所得税		
净利润		

表 7-56　现金收支表

下表供财务人员记录每期的现金收入和支出情况，便于进行现金流量的管理与统计。

	1	2	3	4
支付上年应交所得税				
广告投入				
贴现费用				
（利息）短期贷款				
原料采购支付现金				
成品采购支付现金				
变更费用				

续表

	1	2	3	4
生产线投资				
变卖生产线（+）				
工人工资				
产品研发				
应收款到期（+）				
管理费用				
变卖原料（+）				
长期贷款及利息				
设备维护费				
租金				
购买新建筑				
市场开拓投资				
ISO 认证投资				
其他				
收入总计				
支出总计				
现 金 流 量				

要点记录

1.

2.

7.8　第8年经营

表 7 – 57　经营过程记录表

任务清单 请按顺序执行下列各项操作。	每执行完一项操作，CEO 请在上面打钩。 财务总监（助理）在方格中填写现金收支情况。			
支付应交税	☐			
计划新的一年				
制订广告方案	☐			
参加订单竞争	☐			

任务清单 请按顺序执行下列各项操作。	每执行完一项操作，CEO 请在上面打钩。 财务总监（助理）在方格中填写现金收支情况。			
短期贷款/支付利息	☐	☐	☐	☐
更新应收款/归还应付款	☐	☐	☐	☐
接收并支付已订的货物	☐	☐	☐	☐
下原料订单	☐	☐	☐	☐
产品研发投资	☐	☐	☐	☐
更新生产/完工入库	☐	☐	☐	☐
购买或调整生产线	☐	☐	☐	☐
开始新的生产	☐	☐	☐	☐
交货给客户	☐	☐	☐	☐
支付行政管理费用	☐	☐	☐	☐
长期贷款				☐
支付设备维修费				☐
购买（或租赁）厂房				☐
折旧				☐
市场开拓/ISO 资格认证				☐
关账				☐

表 7-58　订单登记表

订单号	市场	产品	数量	账期	销售额	成本	毛利	未售
合计								

表 7-59　产品核算统计表

	P1	P2	P3	P4	合计
数量					
销售额					
成本					
毛利					

表 7 - 60　综合管理费用明细表

项　目	金　额	备　注
管理费		
广告费		
维修费		
租　金		
变更费		
市场准入开拓		□区域　　□国内　　□亚洲　　□国际
ISO 资格认证		□ISO9000　　□ISO14000
产品研发		P2（　　）　P3（　　）　P4（　　）
合　计		

表 7 - 61　固定资产明细表

生产线编号	位置	原值	本期折旧	累计折旧	变动
合　计					

表 7 - 62　资产负债表

资产	年初	年末	负债＋权益	年初	年末
固定资产			负债		
土地和建筑			长期负债		
机器和设备			短期负债		
总固定资产			应付款		
流动资产			应交税		
现金			总负债		

资产	年初	年末	负债＋权益	年初	年末
应收款			权益		
在制品			股东资本		
成品			利润留存		
原料			年度净利		
总流动资产			所有者权益		
总资产			负债＋权益		

表 7－63　损益表

	去年	今年
销售收入		
直接成本		
毛利		
综合费用		
折旧前利润		
折旧		
支付利息前利润		
财务收入/支出		
额外收入/支出		
税前利润		
所得税		
净利润		

表 7－64　现金收支表

下表供财务人员记录每期的现金收入和支出情况，便于进行现金流量的管理与统计。

	1	2	3	4
支付上年应交所得税				
广告投入				
贴现费用				
（利息）短期贷款				
原料采购支付现金				
成品采购支付现金				
变更费用				

续表

	1	2	3	4
生产线投资				
变卖生产线（+）				
工人工资				
产品研发				
应收款到期（+）				
管理费用				
变卖原料（+）				
长期贷款及利息				
设备维护费				
租金				
购买新建筑				
市场开拓投资				
ISO 认证投资				
其他				
收入总计				
支出总计				
现 金 流 量				

参考文献

［1］刘平. 企业经营沙盘模拟实训手册［M］. 北京：清华大学出版社，2010.

［2］刘平. 企业经营管理综合实训：基于企业经营沙盘模拟对抗［M］. 北京：清华大学出版社，2010.

［3］李超、孙文力. ERP 企业经营模拟实训［M］. 西安：西北工业大学出版社，2012.

［4］葛颖波、张海燕. 企业经营 ERP 沙盘实训教程［M］. 北京：北京大学出版社，2013.

［5］勾景秀、张骞. 企业经营 ERP 模拟沙盘实战教程［M］. 北京：中国人民大学出版社，2012.

［6］徐建华、余真翰. 企业模拟经营：ERP 商业沙盘实训教程［M］. 成都：西南交通大学出版社，2011.

［7］邓文博、陈御钗. ITMC 企业经营决策沙盘模拟实训教程［M］. 北京：中国水利水电出版社，2013.

［8］董红杰、吴泽强. 企业经营 ERP 沙盘应用教程［M］. 北京：北京大学出版社，2012.

［9］余国艳. 企业经营沙盘模拟实训［M］. 北京：清华大学出版社，2012.

［10］刘洪玉、刘丽. 企业经营模拟原理及 ERP 沙盘实训教程［M］. 北京：清华大学出版社，2013.

［11］陈冰. 企业经营决策沙盘实战教程［M］. 北京：高等教育出版社，2012.